Vorwort

In diesem Kommentar wird der Faust-Stoff in ausgewählten Gestaltungen vorgestellt. Er wird oft als **deutsche „Nationallegende“**[1] (Goethe, BA 8, 739) bezeichnet; erstmals 1792[2], als von Goethes umfangreicher Beschäftigung mit dem Faust nur sein *Faust. Ein Fragment* (1790) vorlag. Der *Urfaust* war zu diesem Zeitpunkt noch nicht bekannt. Die Bezeichnung „Nationallegende“ ist mit Vorsicht zu verwenden, denn es gibt ähnlich umfangreiche nationale Titellisten zu dem Stoff in England, Skandinavien und Russland (Sowjetunion), herausragende Dichtungen in Polen, Frankreich, Spanien und Ungarn. Die vorliegende Darstellung beschränkt sich in zweierlei Hinsicht: Einmal wird bei literarisch anspruchsvollen Werken, wie Thomas Manns Roman *Doktor Faustus*, in denen Faust eine Rolle spielt, aber der Text weit über diesen Stoff hinausreicht, vorwiegend die Funktion Fausts und Mephistos beschrieben. Zum anderen werden die Beispiele meist aus dem deutschsprachigen Raum ausgewählt. Ein Blick in einschlägige Bibliografien zeigt die kaum überschaubare Zahl literarischer Gestaltungen[3], dazu kommen die zahllosen Dissertationen, Buchveröffentlichungen und Sammlungen, die sich mit Stoff und Gestalt des Faust beschäftigen.[4] Allein eine spezielle Faust-Bibliografie um-

1 Goethe: *Faust*. In: Goethe: Poetische Werke (Berliner Ausgabe = BA), Bd. 8, Berlin und Weimar. Aufbau-Verlag, 1965, S. 739. Im weiteren Verlauf wird die Berliner Ausgabe zitiert als BA mit Band- und Seitenangabe.

2 So im „Journal von und für Deutschland“.

3 Ertzdorff schreibt, dass die Literatur zum Faust- und Wagnerbuch „fast unüberschaubar“ sei, S. 293.

4 Die *Internationale Bibliographie zur Geschichte der deutschen Literatur von den Anfängen bis zur Gegenwart* von zahlreichen Wissenschaftlern unter Leitung von Günter Albrecht und Günther Dahlke, Teil I. Berlin: Volk und Wissen Verlag, 1969, S. 353 weist allein zum Faust-Stoff 31 Titel an Sekundärliteratur aus, darunter mehrbändige Werke. Weitere Titel finden sich im Teil II, 2, S. 952 und den späteren Ergänzungsbänden. Hunderte von Titeln werden zu den einzelnen Werken aufgeführt.

fasst vier Bände.[5] Eine erste Vorstellung vom Umfang des Materials verschafft die Titelliste zum *Faust*[6] bei Jochen Schmidt: Sie umfasst mehr als 100 künstlerische Arbeiten, ist aber unvollständig. Ähnlich beeindruckend, aber auch mit Lücken ist die Aufstellung in Goethes *Faust* (Goethe, BA 8, 956 ff.). Eine Materialgrundlage für jede Beschäftigung mit dem Stoff ist die zweibändige Anthologie *Faust* (1967), hrsg. von Eike Middell: In ihr werden auf fast 1000 Seiten Auszüge oder vollständige Texte aus/von 50 literarischen Werken, ohne Goethes *Faust*, geboten.
Es handelt sich beim Faust-Stoff um **keinen besonderen deutschen Mythos**, auch wenn er in der deutschsprachigen Literatur und Kunst häufig thematisiert wurde, sondern um einen europäischen Stoff, der sich seit der Antike in den unterschiedlichen Nationalliteraturen entwickelte, seit dem 16. Jahrhundert ständig steigende Aufmerksamkeit erlebte und besonders im 19. Jahrhundert spezifische Ausbildungen erfahren hat. Das Interesse für Faust hat bis in die unmittelbare Gegenwart hinein nicht nachgelassen[7] und hat ständig neue literarische und künstlerische Ergebnisse gebracht, wie die Faust-Konferenz am Deutschen Theater 2006 belegt.[8]
Will man Faust einer bestimmten historischen und geistigen Entwicklung zuordnen, müsste man ihn als eine „gotische" Gestalt bezeichnen. Oft wird er auch mit Attributen der Gotik versehen, studiert „in einem hochgewölbten engen gotischen Zimmer" (Goethe *Faust I*, vor V. 354), das auch im *Zweiten Teil* (vor V. 6566) vorhanden ist, oder wird auf andere Art mit der

5 Hans Henning: *Faust-Bibliographie*. Berlin, Weimar: Aufbau-Verlag; 1. Teil: Das Faust-Thema vom 16. Jahrhundert bis 1790 (1966), 2. Teil, 2 Halbbände: Goethes *Faust* (1968–70), 3. Teil: Das Faust-Thema neben und nach Goethe (1976).

6 Schmidt, S. 325 ff.

7 Vgl. dazu Evely Finger: *Vorwärts zu Goethe!* In: DIE ZEIT Nr. 13 vom 19. März 2008, S. 51

8 Vgl. Michael Jaeger, Roland Koberg, Bernd Stegemann, Henrike Thomsen (Hrsg.): *„Verweile doch" – Goethes Faust heute*. Die Faust-Konferenz am Deutschen Theater und Michael Thalheimers Inszenierungen. Blätter des Deutschen Theaters Nr. 3, 2006. Mit Hör-CD. Berlin: Henschel Verlag und Autoren, 2006

Gotik verbunden: Heinrich Heines Faust sitzt in einem „Studierzimmer, groß, gewölbt, in gotischem Stil"[9]. In Goethes *Faust. Der Tragödie Zweiter Teil* erhebt ein Architekt am Kaiserhof die Gotik zur Erbauungsbaukunst: „Spitzbögiger Zenit erhebt den Geist; / Solch ein Gebäu erbaut uns allermeist." (V. 6413 f.), Zuerst wurde die **Stilbezeichnung der Gotik** für die Baukunst und Ornamentik verwendet und galt im Vergleich zur Antike als barbarische Kunst. Goethes Aufsatz *Von deutscher Baukunst* (1772) leistete eine folgenreiche Vorarbeit und richtete die Aufmerksamkeit auf die hohe Meisterschaft der Gotik. Zu Beginn des 19. Jahrhunderts wendete man den Begriff auf eine Kunst an, die sich seit dem 12. Jahrhundert in West- und Mitteleuropa von antiken Traditionen abgesetzt, die Romanik verdrängt hatte und die eine eigene nationale Repräsentanz suchte. Dann weitete sich der Begriff aus und nahm beispielhafte Traditionen ebenso wie das sich deutlich artikulierende und nach Attributen suchende Selbstbewusstsein des entstehenden Bürgertums auf.[10]
Neben Faust in der Literatur sind zahlreiche Ballette, Lieder und Faust-Opern vorhanden (Louis Spohr, F. Charles Gounod, Arrigo Boito, Heinrich Zöllner, Robert Schumann, Franz Liszt, Carl Loewe und viele andere). Es gibt eine *Faustouvertüre* (1840) Richard Wagners und *Huit scènes de Faust* (1829) von Hector Berlioz.
Parodien zu Faust-Bearbeitungen sind zahlreich, oft politisch akzentuiert,[11] als juristischer Kommentar angelegt[12] oder durch die Beschränkung für den Schulgebrauch geprägt: So säuberte

9 Heinrich Heine: *Der Doktor Faust.* In: Ders.: Sämtliche Schriften, hrsg. von Klaus Briegleb, 6. Bd., Teil 1. München: dtv, 2005, S. 357

10 Zeitweise wollte man an die Stelle von „Gotik" den Begriff „germanische Kunst" setzen, scheiterte aber, weil erste Beispiele der Gotik in Nordfrankreich entstanden (1144 St. Denis in Paris) und die Gotik in den slawischen Raum vordrang.

11 Vgl. *Der neue Faust. Schattenspiel-Fragment* (1861). In: Wolfgang Hecht (Hrsg.): *Frei nach Goethe. Parodien nach klassischen Dichtungen Goethes und Schillers.* Berlin: Rütten & Loening, 1965, S. 92 f. Faust erscheint als Herr von Faust und lässt die Hierarchie des Adels an sich vorüberziehen, „Die Menschheit fängt beim Baron erst an."

12 Vgl. *Faust juristisch kommentiert* von Magister Vorwärts P.D. (1881). In: Hecht, S. 108–113

in satirischer Zuspitzung ein fiktiver „Oberlehrer" ein Fragment aus dem Goethe'schen *Faust* „für den Gebrauch auf kurhessischen Schulen", weil „Tatsachen aus dem Leben hochstehender Personen in boshafter Weise"[13] entstellt würden.

Bedeutende Maler haben sich des Stoffes angenommen. Am bekanntesten wurde eine **Radierung Rembrandts**, die als Vorwegnahme des Faust von Goethe betrachtet wird, ohne dass sicher ist, ob Rembrandt Faust im Sinn hatte. (Siehe Titelabbildung dieses Bandes.) Die Radierung (um 1652) zeigt einen Gelehrten, der gebannt auf eine mystische Lichterscheinung mit Kryptogrammen blickt. In Rembrandt-Verzeichnissen[14] wird sie als „Faust" bezeichnet, obwohl es keine unmittelbaren Bezüge zwischen dem Maler und der Sagenfigur gibt. Diese Radierung als „Faust" wurde so bekannt, weil Goethe für den 7. Band der *Schriften* (Wien und Leipzig: Göschen) – darin befand sich *Faust. Ein Fragment* – das Bild als Frontispiz gewählt hatte.

---

13 Hecht (Hrsg.): *Ein Fragment aus Goethes „Faust"*. In: Ders. (Hrsg.): Frei nach Goethe, S. 76 f.

14 Vgl. Holm Bevers, Jasper Kettner, Gudula Metze: *Rembrandt. Ein Virtuose der Druckgraphik*. SMS DuMont, SMS Kupferstichkabinett Staatliche Museen zu Berlin. Berlin und Köln, 2006, S. 126

1. Einführung in den literarischen Stoff

Durch Goethes Tragödie *Faust*, bestehend aus *Der Tragödie Erstem und Zweitem Teil*, einem *Urfaust* und *Faust. Ein Fragment*, weitete sich die Beschäftigung der Schriftsteller mit dem Stoff aus und wurde im 19. Jahrhundert unüberschaubar, „kein anderes Werk deutscher Literatur hat gerade damals so zur künstlerisch gestalteten Stellungnahme gezwungen. Nahezu jeder bedeutende Dichter hat sich in der Nachfolge Goethes darum bemüht."[15]. Die Auseinandersetzung mit Goethes *Faust* schwankte zwischen „pittoresker Schimpferei" und „prinzipieller geistiger Auseinandersetzung"[16]. Im Zusammenhang mit Nikolaus Lenaus *Faust* (1835) vertrat der Schriftsteller Anastasius Grün (d. i. Anton Alexander Graf von Auersperg, 1806–1876) die Ansicht, jeder Dichter schreibe seinen Faust, auch wenn er nicht so heiße, „denn ein wesentlicher Reiz dieses Stoffes liegt in seiner unzerstörbaren Elastizität, welche für die Einrahmung jeder individuellen Größe genügend freien Raum und doch festen Anschluss bietet."[17]

In den Gestaltungen dominieren zwei Vorgänge

In den Gestaltungen dominieren zwei Vorgänge aus dem sagenhaften Leben Georg (Johann, Jörg) Fausts: Fausts Teufelspakt, einschließlich zahlreicher Variationen mit Göttern, Dämonen und Hexen, und Fausts Streben nach letzten Erkenntnissen, Faust als der suchende und mit allen Mitteln nach Antworten auf existenzielle und erkenntistheoretische Fragen suchende Mensch. Die Aufmerksamkeit für den zweiten

15 Walter Dietze: *Junges Deutschland und deutsche Klassik. Zur Ästhetik und Literaturtheorie des Vormärz*. Berlin: Rütten & Loening, 1958 (Neue Beiträge zur Literaturwissenschaft, Band 6), S. 15

16 Dietze, ebd. – Dietze listet in diesem Zusammenhang auch eine stattliche Menge von Namen und Titeln auf, die sich mit Faust beschäftigen.

17 Anastasius Grün: *Nikolaus Lenau. Lebensgeschichtliche Umrisse*. In: Ders.: Sämtliche Werke, hrsg. von Anton Schlossar. Leipzig: Max Hesses Verlag o. J. (1906), 10. Bd., S. 63

Vorgang ist vor allem durch Goethes *Faust* hinzugekommen; ursprünglich schien der Stoff durch Teufelsbund und Sündenfälle interessant, aus denen triebhafte Besessenheit und geheimnisvolle Höllenverstrickungen entwickelt werden konnten. Das Volksbuch *Historia von D. Johann Fausten* von 1587 stand im Zeichen der Reformation, deshalb wurde „ein abschreckendes Bild des dem Teufel verfallenen Menschen"[18] gegeben. Es war ein protestantisches Warnbuch vor dem Bösen und vor naturwissenschaftlichen Erkenntnissen, die die Schöpfungslehre relativierten oder ihr widersprachen. Luthers Sündenlehre wandte sich gegen Menschen, die nach Unabhängigkeit von Gott strebten. Diese Barriere wurde erst durch das pantheistische Denken der Aufklärung niedergerissen. Das leisteten Lessings, Klingers und Goethes Faust-Variationen.
Aus Berichten und Anekdoten, aber auch archetypischen Legenden wie der des Simon Magus (gestorben um 65 in Rom), in Samarien angebetet und Geliebter der Helena, einer Wiedergeburt der Helena von Troja, entstand das Volksbuch von 1587, das vorhandenes Material reihte und eine romanähnliche Darstellung des legendären Faust bietet. Auf der Grundlage des Volksbuches entwickelten sich Bearbeitungen, die dem Charakter des Volksbuches treu blieben, aber immer neue Taten Fausts einfügten:

- Georg Rudolf Widmann, 1599, Ausdehnung auf drei Teile; von antipäpstlicher Tendenz. Famulus Wagner bekommt zunehmende Bedeutung;
- Johann Nikolaus Pfizer, 1674, Akzentuierung der Gretchenhandlung;
- Das Faust-Buch des Christlich Meinenden, 1725; die moralischen Belehrungen treten zurück. Der Geist heißt nun Mephistopheles. Das Buch wird zur Grundlage für Massendrucke.

18 Henning 1959, S. 139

Lessings *Faust*-Fragment weist über die Aufklärung, die mit dem mystischen und geheimnisvollen Faust nichts zu tun haben wollte, hinaus. Zweihundert Jahre nach dem Volksbuch nahm sich der Sturm und Drang des Stoffes nachdrücklich an und schuf auch für den Faust Goethes die Grundlage. Eine besondere Akzentuierung des Stoffes im Sturm und Drang entstand durch die Verknüpfung des Schwarzkünstlers und Zauberers mit den sittlichen und sozialen Geboten des Christentums und war bezeichnend für die Werke von Friedrich Maximilian Klinger, Johann Jakob Wilhelm Heinse, Maler Müller und J. M. R. Lenz. Der Höhepunkt dieser Entwicklung wurde Goethes *Faust. Der Tragödie Erster und Zweiter Teil.* Die Vorstufen - Goethes *Urfaust* und das Fragment - gehörten in den Sturm und Drang, Goethes *Faust. Der Tragödie Zweiter Teil* reicht über die Romantik hinaus in die Moderne hinein. Der Stoff wurde einer der bedeutendsten für die neuere deutsche Literaturgeschichte und für das Selbstverständnis des Menschen in unterschiedlichen Zeiten. Bis zum heutigen Tage hat der Stoff seine Faszination nicht verloren.

2. Personenübersicht

Zwischen dem historischen Faust und der Sagen- oder Mythengestalt Faust ist zu unterscheiden; zwar bedingen sie einander und ergänzen sich gegenseitig, was die historische Genauigkeit stört, aber die Begründung durch die nachweislichen biografischen Fakten ist gering. Die wenigen biografischen Zeugnisse und die Sagen von Glauben und Aberglauben wurden von zusätzlich eingebrachten Anekdoten überlagert. Übereinstimmend sind beide Gestalten, die historische wie die der Sage, Zeitgenossen Luthers und der Reformation, des Bauernkriegs und der Renaissance. Faust widmet sich der Alchimie und der Buchdruckerkunst – das geht auf die Verwechslung mit dem historischen Buchdrucker Fust zurück –, schließt Teufelspakt und will Gottähnlichkeit. **Er steht zwischen Dämonie und Aufklärung, Versuchung und Entgrenzung, Verjüngung und Zeitverschiebungen, Liebe und Tod, Genuss und Verstandesfreude, Erfüllung und Verbrechen, Schönheit und Schuld.** Damit sind längst nicht alle Themen und Eigenschaften genannt, die mit der Faust-Gestalt verbunden werden. Fausts Erlebnisse stammen aus allen Zeiten der abendländischen Geschichte, Wissenschaft und Kunst. Fausts Biografie, sowohl die des historischen wie die fiktive des sagenhaften, korrespondiert mit Biografien mittelalterlicher Gelehrter, Astrologen und Geistesriesen der Renaissance. Aber auch der historische Faust wurde vermutlich aus zwei authentischen Gestalten gebildet (siehe unten). Zur Sagengestalt wurde Faust durch seine Gegengestalt, den Teufel, mit dem er einen Pakt schließt. Mit diesem Paar stehen sich – je nach dem jeweiligen zeitgenössischen Verständnis – Ordnung und Zerstörung, Entwicklung und Verfall, Bescheidung und Selbstüberhebung, Himmel und Hölle gegenüber. Als Archetyp wären seine Kennzeichen grenzenloses menschliches Stre-

Archetyp

ben und Denken, endlose Entwicklung und fortwährende Erkenntnis. Dieser Archetypus agiert im abendländischen Raum gegen kirchliche Dogmen und feudal-absolutistischen Druck; andere Gestalten wie Simon Magus und Cyprian aus den frühchristlichen Sagen oder Merlin aus dem angelsächisch-heidnischen Umfeld reichen in diesen Archetypus hinein, der sich immer in Zeiten der Epochenumbrüche nachdrücklich anbietet.

Gestalt des historischen Faust

Die Gestalt des historischen Faust „aus dem Dunkel des 16. Jahrhunderts zu heben, ist ein problematisches Unterfangen"[19], Grund dafür sind unterschiedliche Datierungen und Quellen. Für Georg (Johann, Jörg) Faust und die Sagengestalt Faust gibt es keine eindeutigen Biografien, zumal auch Verwechslungen Georg Fausts mit dem Buchdrucker Faust (Fust) die wenigen vorhandenen Angaben irritieren: Johann Fust († 1466) stammte aus einer angesehenen Bürgerfamilie in Mainz. Er wurde durch seine Verbindungen mit Gutenberg bekannt, dessen Druckunternehmen er finanzierte. – Drei Urkunden belegen Georg Fausts Existenz. Eine Rechnung vom 12. Februar 1520 betrifft einen Aufenthalt im Februar 1520 am Hof des Bischofs von Bamberg, wo er Bischof Georg III. von Bamberg ein Horoskop erstellt hat. Faust muss zu dieser Zeit einen beachtlichen Ruf als Astrologe gehabt haben; er legte Wert auf den Doktor- und Philosophentitel. 1528 wurde „Doctor Jörg faustus von Haidlberg (d. i. Heidelberg, R. B.)"[20] nach einem Ratsprotokoll vom 17. Juni 1528 aus Ingolstadt ausgewiesen; die Gründe sind unbekannt. Am 10. Mai 1532 wurde Fausts Gesuch, sich in Nürnberg aufhalten zu dürfen, nach einem entsprechenden Erlass der Räte abgelehnt, „wohl deshalb, weil Faust bei ihnen einen zweifelhaften Ruf besessen hat"[21]. In diesem Dokument bezeichnete man ihn als „ großen Sodomiten und

19 Henning 1959, S. 107
20 Vgl. Henning 1959, S. 108
21 Henning 1959, S. 110

Nigromantico"[22], als Zauberer, Wahrsager und Schwarzkünstler. Aus allen Dokumenten geht hervor, dass er als Astrologe, Magier und Schwarzkünstler bekannt war. – Neben den Urkunden sind gedruckte Berichte seit 1505 vorhanden, die neben Georg Faust einen Johann Faust vermuten lassen. In den meisten Berichten erscheint Faust als ein auffallender Mensch mit den Zügen eines Außenseiters. Beim Umgang mit diesen Berichten ist zu bedenken, dass Faust nicht den Prinzipien der Humanisten entsprach, sondern sich deutlich von ihnen unterschied und deshalb alle Auskünfte von Humanisten über Faust tendenziös gewesen sein können. Die Frontstellung der Humanisten gegen ihn hat in der Gegensätzlichkeit des zeitgenössischen Wirkens ihre Ursachen.
Der historische Georg Faust[23] wurde wahrscheinlich um 1480 in Knittlingen[24] geboren, nach der Auskunft Melanchthons in Kundling, dem heutigen Knittlingen[25]. Möglicherweise hieß er Georg Zabel (Georgius Sabellicus, Goethe, BA 8, 739).
Nach einem Bericht Melanchthons, der Georg Faust wohl später in Wittenberg begegnet ist, wurde am 3. Dezember 1505 ein „Johannes Fust de Symmern" in Heidelberg immatrikuliert und nach den Akten der Artistenfakultät am 15. Januar 1509 zum Baccalaureus promoviert. Henning zieht aus Melanchthons Bericht und den Heidelberger Zeugnissen den Schluss, dass dieser Johann Faust nicht identisch mit dem Georg Faust ist und der Schwarzkünstler, der zur Sagengestalt wurde, weder studiert, noch einen akademischen Titel hatte.[26] Allerdings dürfte er mit und in Universitätskreisen bekannt gewesen sein. Begründet

22 Henning 1959, S. 109 f.; vgl. Gerhard Hendel: *Von der deutschen Volkssage zu Goethes ‚Faust'*. Weimar: Nationale Forschungs- und Gedenkstätten der klassischen deutschen Literatur, 1967, S. 9

23 Bei den Angaben zu Faust gibt es unterschiedliche, nicht vereinbare Angaben (Schmidt). Die vorliegende Darstellung geht auf die Studien Hans Hennings zurück, insbesondere auf seine Arbeit *Faust als historische Gestalt*. In: Jahrbuch der Goethe-Gesellschaft, 1959, S. 107–139, da Henning auf der Grundlage vorhandener Dokumente und mehrfach geprüfter Berichte arbeitete.

24 Henning 1959, S. 133

25 Henning 1959, S. 111; Henning spricht sich für Knittlingen aus.

26 Vgl. Henning 1959, S. 114

wird das damit, dass der von Melanchthon genannte Johann Faust, der 1505 das Studium aufnahm, entsprechend den Gepflogenheiten der Zeit etwa sechzehn Jahre gewesen sein muss. Der Faust aber, der 1506 schon weithin als Magier und Gaukler bekannt war, muss mindestens Mitte der Zwanzig gewesen sein. Dafür spricht das früheste Dokument über Faust: Er hielt sich 1506 zur gleichen Zeit in Gelnhausen auf wie der Abt des Klosters Sponheim, seit 1506 Abt zu St. Jakob in Würzburg Johannes IV. Er wurde als Johannes Zeller geboren und nach seinem Geburtsort Trittenheim an der Mosel Trithemius genannt (1462–1516), ein Theologe und Physiker. Er berichtete am 20. August 1507 dem Mathematiker Johann Wirding (Virdung), der ihn nach Faust befragt hatte, über seinen gleichzeitigen Aufenthalt mit Faust 1506 in Gelnhausen und mit welchen Titeln sich Faust ausgestattet habe: „Magister Georg Sabellicus[27], Faust der Jüngere[28], Quellbrunn der Nekromanten, Astrolog, Zweiter der Magier[29], Chiromant, Aeromant, Pyromant, Zweiter in der Hydromanie"[30]. Für Trithemius war er ein Landstreicher, „leerer Schwätzer", „betrügerischer Strolch" und Lügner. Er berichtete über Fausts Leistungen, deren er sich gerühmt habe: Er könne die Werke Platos und Aristoteles wiederherstellen, er habe die Fähigkeit, die Wunder Jesu Christi zu wiederholen. In Kreuznach habe er sich als der Vollkommenste in der Alchemie ausgegeben. Zeitgenössischen Zeugnissen ist zu entnehmen, dass Faust naturwissenschaftlich gebildet war, medizinische Kenntnisse hatte und darüber hinaus über außergewöhnliche Fähigkeiten ver-

das früheste Dokument über Faust

27 Sabellicus sei, nach Henning, eine eigenlobende Beifügung gewesen, die sich auf den italienischen Gelehrten Arcus Antonius Coccius († 1506) bezog, im weiteren Sinn auf die Sabiner, die man mit zauberischen Kräften begabt meinte.

28 Bezieht sich möglicherweise auf Magier, die sich Faust nannten. „Faustus", „der Glückliche", war kein Familienname, sondern wies auf die humanistische Bildung des Trägers hin.

29 Als magus primus galten Simon Magus (s. S. 10 der vorliegenden Erläuterung) und Pythagoras.

30 Zit. bei Henning 1959, S. 116, Middell 1. Bd., S. 9 f.

fügte. Er ist ähnlich bedeutsam wie die philosophisch-naturwissenschaftlichen Größen Agrippa[31] und Paracelsus[32], von denen das Volksbuch manche Züge für Faust übernahm. Den Zusammenhang zwischen dem entstehenden naturwissenschaftlichen Denken bei Paracelsus und Agrippa und dem beim Volke beliebten Faust hat Heinrich Heine treffend benannt:

> *„Das Volk im Mittelalter hat immer, wenn es irgendwo große Geistesmacht sah, dergleichen einem Teufelsbündnis zugeschrieben, und der Albertus Magnus, Raimund Lullus, Theophrastus Paracelsus, Agrippa von Nettesheim, auch in England der Robert Baco, galten für Zauberer, Schwarzkünstler, Teufelsbanner. Aber weit eigentümlichere Dinge singt und sagt man von dem Doktor Faustus, welcher nicht bloß die Erkenntnis der Dinge, sondern auch die reellsten Genüsse vom Teufel verlangt hat, und das ist eben der Faust, der die Buchdruckerei erfunden und zur Zeit lebte, wo man anfing, gegen die strenge Kirchenautorität zu predigen und selbstständig zu forschen: – so dass mit Faust die mittelalterliche Glaubensperiode aufhört und die moderne kritische Wissenschaftsperiode anfängt."*[33]

Was Fausts zeitgenössischen Ruhm besonders ausmachte, war seine Popularität beim Volk. Deshalb ist sein Schicksal bekannt geblieben und hat sich in einem Volksbuch niedergeschlagen, auch wenn das vor Menschen wie Faust warnen wollte.
Dieser Faust wurde mit Hilfe Franz von Sickingens 1507 Lehrer in Kreuznach. Dort wurde er wegen „schändlichste(r) Unzucht"[34]

---

31 Agrippa von Nettesheim, eigentlich Heinrich Cornelius (1486–1535), Renaissancephilosoph der Reformationszeit, Theologe, Jurist, Arzt, gilt als Universalgelehrter seiner Zeit.

32 Paracelsus, eigentlich Philippus Aureolus Theophrastus Bombastus von Hohenheim (1493–1541), Arzt, Naturforscher, Alchemist, Astrologe und Philosoph; berühmter Experimentator der Medizin, der sich dadurch gegen die Scholastik wandte. Seine spektakulären Heilerfolge riefen erbitterte Feinde auf den Plan.

33 Heinrich Heine: *Die Romantische Schule*. In: Ders.: Sämtliche Schriften, hrsg. von Klaus Briegleb, 3. Bd., München: dtv, 2005, S. 401

34 Zit. bei Henning 1959, S. 117

mit Knaben entlassen. Ende September 1513 war Georg Faust (Georgius Faustus Helmitheus Hedelbergensis = Georg Faust, Heidelberger Halbgott[35]) in Erfurt und erregte Aufsehen als Chiromant: Der deutsche Humanist Conradus Mutianus (1470–1526), der mit Ulrich von Hutten befreundet war, erlebte ihn im Wirtshaus und war voller Ablehnung: „Seine Kunst, wie die aller Wahrsager, ist eitel und eine solche Physiognomie leichter als eine Wasserspinne ... ich habe seine Anmaßung nicht gestraft; denn was kümmert mich fremde Torheit?"[36]. Er soll in Erfurt über Homer gesprochen und antike Sagengestalten beschworen haben, das findet sich im Volksbuch wieder.

Nachdem er an seinen Aufenthaltsorten meist nach kurzer Zeit unerwünscht war, zog er als vagabundierender Humanist durch Deutschland. 1534 kehrte er, nachdem er zuvor in Köln war, nach Nürnberg und Würzburg zurück; er war zu dieser Zeit offenbar mit der Familie von Hutten befreundet und stellte für Philipp von Hutten, den Vetter Ulrich von Huttens, eine Horoskop für eine Reise nach Südamerika aus, das sich erfüllte: „... dass ich bekennen muss, dass es der Philosophus Faustus schier troffen hat"[37]. 1539 wurde er vom Wormser Stadtarzt Philipp Begardi im *Index sanitatis* als Wundarzt beschrieben, der zwar überall bekannt sei und sich aller Fähigkeiten gerühmt habe, den aber seine Patienten als betrügerischen und nur auf Geld erpichten Scharlatan beurteilten.[38] Danach verschwindet Faust aus den zeitgenössischen Berichten. Um 1540 soll er in Staufen im Breisgau oder an einem anderen Ort gestorben sein.

Fausts Tod

Zwei voneinander unabhängige Zeugnisse über Fausts Tod gibt es. In dem Zeugnis Johannes Gasts, das auch erstmals ein Zauberpferd und

35 Conradus Mutianus schrieb darüber an Heinrich Uranus und behielt die falsche Form „Helmitheus" bei, richtig „Hemitheus", um Fausts sprachliche Inkompetenz zu zeigen.

36 Middell, 1. Bd., S. 10

37 Middell, 1. Bd., S. 13

38 Vgl. Middell, 1. Bd., S. 14, Henning 1959, S. 126

einen Zauberhund als Begleiter Fausts nennt, wird sein Tod allgemein beschrieben: „Der Elende endete auf schreckliche Weise, denn der Teufel erwürgte ihn; seine Leiche lag auf der Bahre immer auf dem Gesicht, obgleich man sie fünfmal umdrehte."[39] Die Chronik der Freiherren von Zimmern erwähnt Fausts Tod „in der herrschaft Staufen im Preisgew"; er sei „in großem alter vom bösen gaist umbgebracht worden".[40] Gemeint ist hier 1541, das Jahr des Reichstages in Regensburg. Mit 60 Jahren hatte man zu dieser Zeit bereits ein „großes Alter" erreicht. Alles weist darauf hin, dass Faust eines unnatürlichen Todes starb. Heute werden chemische Experimente im Zusammenhang mit der Suche nach Gold, verbunden mit einer Explosion, oder ein Raubüberfall als Ursache für seinen Tod angenommen.
Nach Henning[41] sind gesicherte oder ziemlich gesicherte Lebensstationen des Georg Faust:

1480	Geburt in Knittlingen
1506	Aufenthalt in Gelnhausen; erster Aufenthalt in Würzburg
1507	Aufenthalt in Kreuznach
1513	Besuch in Erfurt
1520	Betätigung in Bamberg
1525–32	Zeit, in der Faust aus Wittenberg floh
1528	Ausweisung aus Ingolstadt
1532	Aufenthalt in Nürnberg
1532–33	Wirken in der Kölner Gegend
1534–36	erneuter Aufenthalt in Nürnberg und Würzburg

39 Johannes Gast: *Sermones Convivales*, zit. bei Henning 1959, S. 129
40 *Zimmerische Chronik*, zit. bei Henning 1959, S. 131
41 Henning 1959, S. 133

1536	Rückzug Fausts aus der Öffentlichkeit
1540 oder 1541	Tod Fausts in Staufen im Breisgau[42]

Faust war bei bedeutenden Humanisten seiner Zeit bekannt: Johannes Trithemius (1462–1516), der den Ruf übernatürlicher Fähigkeiten und den eines Magiers besaß, hat ihn gekannt. In den *Tischreden* Martin Luthers ist von Faust die Rede: Der Teufel hätte, falls er Luther schaden wollte, nicht Faust benötigt, „er hette es lange gethan"[43]. Nach Melanchthon soll Faust auch in Venedig und Wien gewesen sein, nach anderen in Paris, Basel – den Aufenthalt dort bestätigte auch Johannes Gast[44]–, Prag, Krakau und der Steiermark. Andere Berichte sprechen von weiteren Namen und Titeln, die sich Faust zugelegt habe, und immer wieder wird er als Prahler und Narr bezeichnet.[45] Auch als Lehrer eines Ordenshauses der Johanniter an der Grenze zu Kärnten, Hallestein genannt, soll er sich ausgegeben haben.[46] Abgelehnt wurde er vor allem von den Humanisten, die ihn als Halbgebildeten bezeichneten.

Die Sagen indessen griffen auf diese Selbsternennungen zurück. Oft verschwammen die Grenzen zwischen Realität und Fiktion. Daraus entstand schließlich 1587 das Volksbuch. Die Sage beschrieb ihn als Schwarzkünstler, deshalb wurde auch immer wieder die Verbindung zur „schwarzen Kunst", der Buchdruckerkunst, hergestellt. Er soll ein „säuisch und epicurisch

42 Bei Schmidt findet sich ein anderer Lebenslauf für Faust, dessen Herkunft nicht ausgewiesen wird, aber vermutlich von Frank Baron: *Faustus. Geschichte, Sage, Dichtung*. München 1982, bezogen wurde: Geboren zwischen 1460 und 1470, möglicherweise in Helmstadt bei Heidelberg, 1483 immatrikuliert in Heidelberg, 1484 in Heidelberg promoviert zum Baccalaureus, 1487 zum Magister artium, Schmidt, S. 11

43 Zit. bei Henning 1959, S. 127, Middell, 1. Bd., S. 13

44 Vgl. Middell, 1. Bd., S. 15 ff.

45 Vgl. Henning 1959, S. 120 ff.

46 Kilian Leib, 1528, zit. bei Middell, 1. Bd., S. 11

Leben"[47] geführt haben. Der Faust-Stoff verband sich mit feststehenden Attributen: dem Studierzimmer im gotischen Stil, Beschwörungen um Mitternacht, Requisiten und Kleidung des 16. Jahrhunderts: „altdeutsche Gelehrtentracht"[48], Beschwörungsbüchern usw.

Man wird der Faust-Gestalt nicht gerecht, wenn man den historischen Hintergrund nicht einbezieht. Im 16. Jahrhundert geschahen große Umbrüche auf politischem wie auf wissenschaftlichem und wirtschaftlichem Gebiet. Der Feudalismus zeigte Auflösungserscheinungen; die Zeit Fausts war die Zeit der Bauernkriege. Der niedere Adel und vor allem das Rittertum gingen ihrem Untergang entgegen, sie waren historisch und militärisch überholt; Götz von Berlichingen, ein Zeitgenosse Fausts, ist ebenso ein Beispiel wie Franz von Sickingen. Die Anfänge der bürgerlichen Gesellschaft bildeten sich heraus, es entstanden neue Wertvorstellungen und nichtfeudale Lebensansprüche; die Humanisten wurden die geistigen Repräsentanten, die Handels- und Bankhäuser (die Familien Fugger) ihre wirtschaftlichen Stützen. Der politische Unterschied zwischen Adel und Bürgertum schlug sich im Gegensatz von katholischer Kirche und Protestantismus nieder. Die dogmatisch katholische Lehre, gebunden an Kaiser und Hochadel, verlor an Einfluss, die Reformation Martin Luthers und Thomas Münzers, getragen von Bürgern, Handwerkern und Bauern, breitete sich aus. Der Buchdruck veränderte den gesamtgesellschaftlichen Zustand und besonders das Bildungswesen dramatisch; die Naturwissenschaften nahmen ebenso einen Aufschwung, wie die Orientierung auf die Antike

große Umbrüche auf politischem wie auf wissenschaftlichem und wirtschaftlichem Gebiet

47 *Historia von D. Johann Fausten dem weitbeschreyten Zauberer und Schwarzkünstler.* Mit einem Nachwort herausgegeben von Richard Benz. Stuttgart: Philipp Reclam, 1964 (Universal-Bibliothek Nr. 1515), S. 137

48 Heinrich Heine: *Der Doktor Faust.* In: Ders.: Sämtliche Schriften, hrsg. von Klaus Briegleb, 6. Bd., Teil 1, München: dtv, 2005, S. 356

ein neues Paradigma nach dem Katholizismus des Mittelalters bot. Faust in seiner Vielschichtigkeit wurde zu einer Personifikation der Widersprüche: „In seiner Gestalt treffen sich die genannten Strebungen, Kämpfe und Auseinandersetzungen. Durch diese Umstände wird uns Fausts Leben und Treiben erst recht verständlich."[49] Mehrfach war in den Berichten von kirchenfeindlichen Reden Fausts die Rede; gemeint war das zuerst im Verhältnis zur katholischen Kirche, die sicherlich seine Erziehung geprägt hat. Aber auch die Protestanten hielten wenig von ihm, da sich Faust mit Beziehungen zu den höllischen Mächten brüstete und mit seinen naturwissenschaftlich-alchemistischen Bestrebungen die Welt Gottes zu säkularisieren versuchte. Wegen dieser vermeintlichen Teufelsbündnisse lehnte ihn auch Luther ab. Es bleibt, in Faust einen Atheisten und Freidenker anzunehmen, der sich den religiösen Bindungen zunehmend verweigerte und durch seine überragende Intelligenz beim Volk bekannt und beliebt war, aber durchaus geschäftstüchtig agierte. Bei den Urteilen über ihn ist mitzudenken, dass sie von seinen Gegnern kamen. Auf den Gebieten, die er für sich in Anspruch nahm, wurde er zum Gegner der herrschenden Praxis: zum Gegner der katholischen Kirche durch sein Erkenntnisstreben auf naturwissenschaftlichem Gebiet wie wenig später Galilei, für die Protestanten als Teufelsbündler, für die Ärzte der Konkurrent mit den modernen Methoden, für die Magier der weltgewandte Beschwörer der Antike.

Personifikation der Widersprüche

49 Henning 1959, S. 136

3. Einführung in eine Auswahl an wichtigen Bearbeitungen des Stoffes in der Literatur

3.1 Volksbuch *Historia von D. Johann Fausten dem weitbeschreyten Zauberer und Schwarzkünstler*[50]

Zeitgeschichtlicher Bezugsrahmen

Das im Herbst **1587**, zur Buchmesse in Frankfurt am Main, erschienene Buch ist das bedeutendste und wirksamste Volksbuch des 16. Jahrhunderts. Das stellte sich indessen erst im historischen Rückblick heraus. In dieser Zeit wurde ein Weltbild durch ein anderes ersetzt – die Kopernikanische Wende – und die Welt war in geistigem Aufruhr: Das geozentrische Weltbild des Ptolemäus wurde durch das Weltbild des Nikolaus Kopernikus (1473–1543) abgelöst. Erste Weltkarten und Globen entstanden. 1492 wurde Amerika entdeckt; es folgten andere spektakuläre Entdeckungen und schließlich 1519 bis 1522 die erste Weltumseglung durch Magellan.

Kopernikanische Wende

Die Wirkung des Faust-Buches ging nicht von seiner literarischen Qualität aus – es ist schlicht erzählt und der Inhalt wur-

50 Nach folgender Ausgabe wird zitiert, da sie für heutige Leser relativ problemlos lesbar ist: *Historia von D. Johann Fausten dem weitbeschreyten Zauberer und Schwarzkünstler.* Mit einem Nachwort herausgegeben von Richard Benz. Stuttgart: Philipp Reclam, 1964 (Universal-Bibliothek Nr. 1515). Allerdings fehlt dort die *Vorred an den Christlichen Leser*. In diesem Fall wird zitiert nach: *Historia von D. Johann Fausten. Text des Druckes von 1587*. Kritische Ausgabe. Mit den Zusatztexten der Wolfenbütteler Handschrift und der zeitgenössischen Drucke. Hrsg. von Stephan Füssel und Hans Joachim Kreutzer. Stuttgart: Philipp Reclam, ergänzte und bibliographisch aktualisierte Ausgabe 2006 (Universal-Bibliothek Nr. 1516). Diese Ausgabe wird auch für Leser, die am originalen Sprachstand interessiert sind, empfohlen.

de kaum ästhetisch organisiert –, sondern von seiner Bedeutung für breite Leserkreise, die darin die umwälzenden Vorgänge der Zeit wiederfanden und in Faust eine Gestalt sahen, die von den Umbrüchen und Wissenszuwächsen begeistert war. Statt zu warnen, wie Verfasser und Herausgeber es gedacht hatten, veranlasste es zahlreiche Leser zur Identifikation.

Der **Begriff „Volksbuch"** ist ungenau und mehrdeutig. Er beschreibt eine Literatur, die populär war, sich aber nicht auf literarische Themen beschränkte. Auch Wetter- und Arzneibücher gehörten dazu. Der Begriff, den man zuvor bereits verwendete, wurde von Johann Joseph von Görres 1807 beschrieben. Ihm kam das Verdienst zu, „den bislang verachteten Volkslesestoff erstmals literarhistorisch und volkskundlich gewürdigt zu haben"[51]. Görres beschrieb auch die Merkmale der Volksbücher; dazu gehörte ihre weite Verbreitung, ihre langanhaltende Präsenz, ihr belehrender und unterhaltender Charakter und ihre Herkunft aus mündlichen Überlieferungen. Einen Höhepunkt der Volksbuchforschung stellte um 1920 Richard Benz dar, der sowohl die sprachlich-stilistische Gestaltung der Volksbücher als auch ihre Erzählformen als „gotisch" beschrieb.[52] Seither konzentrierte sich der Begriff „Volksbücher" auf eine Art Unterhaltungsliteratur des 15. und 16. Jahrhunderts.

Dem Volksbuch gingen Erzählungen voraus, aus denen sich das Volksbuch allmählich, aber zielstrebig entwickelte. Um 1575 erschienen Christoph Rosshirts *Faust-Historien*, Nürnberger Erzählungen über den Magier Faust. Darin zauberte

51 Anneliese Schmidt: *Volksbuch*. In: Autorenkollektiv: *Deutsche Volksdichtung. Eine Einführung*. Leipzig: Reclam, 1979 (Universal-Bibliothek Bd. 782), S. 295

52 Vgl. Richard Benz: *Geschichte und Ästhetik des deutschen Volksbuches*. Jena: Dieterichs, 1924 und Benz, Nachwort zur *Historia* (1964), S. 162

Doktor Georg Faust eine Tischgesellschaft an den englischen Königshof, ließ sich einen Schenkel ausreißen, betrog einen Schweinehändler, indem er ihm Schweine verkaufte, die sich im Wasser in Stroh auflösen, und stirbt schließlich, nachdem er Bauern in einem Gasthaus verzaubert hatte, indem er sie durch offenstehende Münder zur Ruhe brachte.[53] Zwischen 1580 und 1585 entstanden Zacharias Hogels *Erfurter Erzählungen,* die in die *Chronica von Thüringen und der Stadt Erfurt* aufgenommen wurden. Darin beschwor Faust Gestalten Homers (Priamus, Hektor, Ajax, Ulysses, Agamemnon und andere); als er verloren gegangene Komödien von Plautus und Terenz rekonstruieren wollte, wurde ihm das von Theologen und Ratsherren untersagt, denn „der Teufel möchte in solche neuerfundene Komödien allerlei ärgerliche Sachen mit einschieben"[54]. In Prag zauberte er den Gästen in einem Wirtshaus verschiedene Weinsorten aus dem Tisch, das Ereignis nahm Goethe in die Szene *Auerbachs Keller in Leipzig* (*Faust I,* V. 2073–2335) auf. In Erfurt wählte er sich aus einer Gruppe einen Diener aus, der schnell wie „der Menschen Gedanken"[55] zu sein vorgab; es war das Grundmodell für zahlreiche spätere Partnerschaften Fausts mit dem Teufel (Marlowe).

Zacharias Hogels
Erfurter Erzählungen

Das Volksbuch brachte den etwa fünfzig Jahre zuvor verstorbenen Faust mit den Sagen in Verbindung, weniger mit den biografisch gesicherten Lebensdaten. So verwendete es statt des richtigen Vornamens Georg den falschen „Johann", der seitdem weitgehend steht. Der sagenhafte Johann Faust sollte aus Knittlingen bei Pforzheim oder aus Roda bei Weimar stammen, in Wittenberg zur Studienzeit einen Pakt mit dem Teufel geschlossen und dadurch Mephostophiles als Begleiter bekom-

53 Middell, 1. Bd., S. 18–23
54 Middell, 1. Bd., S. 25
55 Middell, 1. Bd., S. 27

men haben. Im Dorf Rimlich bei Wittenberg habe ihn der Teufel erdrosselt. Das geht vermutlich auf eine Verwechslung von Württemberg mit Wittenberg zurück; nach Melanchthon starb Faust in einem Dorf Württembergs. Aber Roda in Thüringen, Wittenberg und Erfurt verweisen auf das Zentrum der Reformation. Die Sage zeichnete Faust als maßlosen Menschen, der die Sinnenfreude der Antike auslebte und dabei auch Helena beschwor, der gegen die Vorschriften der Kirche lebte und auf bestehende Naturgesetze keine Rücksicht nahm. Er gab an, übernatürliche Kräfte zu haben. So entstand das Gegenbild zu dem strengen und bescheidenen Luther.

Das stand im sogenannten Spieß'schen Faustbuch 1587 *Historia von D. Johann Fausten dem weitbeschreyten Zauberer und Schwarzkünstler*, von einem **unbekannten Verfasser**. Die Art der Berichterstattung weist auf einen lutherischen Autor hin, der berechtigt unbekannt bleibt: Seine Darstellung des Faust ist durch die Verwendung der Vorlagen kaum ein eigenständiges Werk; allerdings galt ein solcher Umgang mit vorhandener Literatur zu jener Zeit weniger als Plagiat, sondern vielmehr als Ausdruck von Belesenheit. Das weit verbreitete Volksbuch war die Grundlage für zahlreiche Bearbeitungen, die neue Zaubertaten zuordneten, und stellt den Ausgangspunkt für viele Faust-Variationen der Literatur und Kunst dar.

Verwendung von Vorlagen

Das ausführliche Titelblatt gab, wie es zu jener Zeit üblich war, wesentliche Hinweise auf den Inhalt des Buches, zum Beispiel „wie er (Faust, R. B.) sich gegen dem Teufel auf eine benannte Zeit verschrieben / Was er hierzwischen für seltzame Abenteuer gesehen / selbs angerichtet und getrieben / bis er endlich seinen wohl verdienten Lohn empfangen". Der Verfasser berief sich darauf, Fausts hinterlassene Schriften benutzt zu haben. Tatsächlich nutzte er für die 68 Abschnitte der Erstausgabe vorhandenes Material: Die Literaturwissenschaft konnte Bütners *Epitome His-*

toriarum (1576), Arbeiten von Trithemius, die Tischgespräche von Luther und Melanchthon und besonders Hartmann Schedels *Buch der Cronicken* (1493)[56] – um nur einige zu nennen – nachweisen.[57] Hans Sachs schrieb im Oktober 1564 seine *Historia: Ein wunderlich gesicht Keyser Maximiliani, löblicher gedechtnuß, von einem nigromanten*; sie wurde die Vorlage für das 33. Kapitel: *Ein Historia von D. Fausto und Kaiser Carolo Quinto.* Schon in älteren Literaturgeschichten wurden Fausts Taten als Übernahmen früherer Ereignisse dargestellt, wie „sein schwarzer Hund, in dem der Teufel verborgen gewesen, nicht allein dem gleichzeitigen Cornelius Agrippa von Nettesheim, sondern auch dem Papst Sylvester II. beigelegt wird, ja dass manche, wie der Wintergarten, bis auf den Scholastiker Albert den Großen zurückgehen"[58]. Solcher Rückgriff auf vorhandene Literatur galt im 16. Jahrhundert als Ausdruck von Bildung und war nicht ehrenrührig.

Inhaltlicher Aufbau

Eröffnet wird das Volksbuch von einem den Leser einstimmenden umfangreichen Titel, dem ein offener Brief des Verfassers an seinen Gönner folgt. Darin wird Faust als Johannes Faust bezeichnet (S. 1). Die Absicht der Schrift ergibt sich aus der mehrfachen Verwendung des Wortes „Warnung". Eine *Vorred an den Christlichen Leser* betont die besondere Schwere der Sünde Fausts: „Ohn allen Zweifel aber ist die Zauberei und Schwarzkünstlerei die größte und schwerste Sünde vor Gott und vor aller Welt" (vgl. S. 8 der kritischen Reclam-Ausgabe 2006; *Vorred an den Christlichen Leser*); der Verfasser beruft sich dabei auf das Alte

Vorred an den Christlichen Leser

56 In der *Historia* (ergänzte und bibliographisch aktualisierte kritische Ausgabe 2006) sind unter den Quellenschriften zahlreiche Auszüge aus Schedels Weltchronik veröffentlicht.

57 Vgl. Hans Henning, in: *Historia* (1963) S. 156

58 August Friedrich Christian Vilmar: *Geschichte der deutschen National-Literatur.* Marburg: N. G. Elwert'scher Verlag, 1852, 1. Bd., S. 482

Testament (1. Sam., 15). Zu Beginn gibt das Volksbuch eine präzise Inhaltsbeschreibung, die beim Leser Spannung erzeugt, ihm aber auch den Warncharakter des Buches verdeutlichen soll: Teufelsbeschwörer nehmen „selten ein gut Ende, wie auch an D. Johann Fausto zu sehen, der noch bei Menschengedächtnis gelebet, seine Verschreibung und Bündnis mit dem Teufel gehabt, viel seltsamer Abenteuer und greuliche Schand und Laster getrieben, mit Fressen, Saufen, Hurerei und aller Üppigkeit, bis ihm zuletzt der Teufel seinen verdienten Lohn gegeben und ihm den Hals erschrecklicher Weis umgedrehet" (vgl. S. 11 der kritischen Reclam-Ausgabe 2006, *Vorred an den Christlichen Leser*). Die 68 Kapitel der Erstausgabe[59] von 1587 (tatsächlich 69 Kapitel, denn es gibt Kap. 44 und Kap. 44a) folgen im Wesentlichen dem Sagenkreis, der sich um Faust gebildet hatte, und beschreiben einen Johann Faust. Die Akzentsetzung ist allerdings nicht gleichmäßig: Im ersten und zweiten Teil der Erstausgabe erscheint Faust als Wissenschaftler und Weltreisender, in Weltraum und Paradies unterwegs. Auch über den Zustand der Hölle wird mit Mephostophiles disputiert. Die häufige Verwendung des Begriffs „Disputation" folgt der nur wenige Jahrzehnte zurückliegenden Fülle an Disputationen (1518–1521) zwischen Luther und päpstlichen Abgesandten (Kardinal Gajetan), Gelehrten (Johannes Eck) und dem Reichstag.[60] Die erörterten theologischen Fragen – denn um theologische Streitfragen ging es in den Disputationen – waren dem Verfasser für das Volksbuch wichtig und sind auch indirekter Hinweis auf die

Faust als Wissenschaftler und Weltreisender

---

59 Bereits im Erscheinungsjahr erfolgte ein Neudruck, der acht neue Kapitel enthielt. Später wurden immer neue Kapitel hinzugefügt. Die *Historia von D. Johann Fausten dem weitbeschreyten Zauberer und Schwarzkünstler.* Mit einem Nachwort herausgegeben von Richard Benz. Stuttgart: Philipp Reclam, 1964 (Universal-Bibliothek Nr. 1515) vereinigt 96 Kapitel. Die kritische Ausgabe von Reclam (2006) folgt den Kapiteln der Erstausgabe.

60 Vgl. dazu Klaus-Rüdiger Mai: *Der Vatikan. Geschichte einer Weltmacht im Zwielicht.* Bergisch-Gladbach: Gustav Lübbe Verlag, 2008, S. 355 ff.

Handlungszeit: die Welt der theologischen Bildung, der Glaubensbekenntnisse und der Gottsuche. Abschreckend wird die Hölle dagegen gesetzt, „darinnen ist nichts anderes zu finden als Nebel, Feuer, Schwefel, Pech, und ander Gestank" (S. 22 f.). Als Faust dringlicher nach der Ordnung der Hölle fragt, nennt ihm Mephostophiles zehn verschiedene Höllen, die aus unterschiedlichen Religionen kommen: Neben der jüdischen Hölle („Gehenna") finden sich die antiken griechischen Höllenflüsse Styx und Acheron und der antike Strafort der Unterwelt Tartarus (S. 23). Der Anspruch schimmert durch, dass der eine christliche Gott alle anderen Religionen in sich aufgenommen hat, sein Widerpart aber noch in den verschiedenen Höllen haust.

Wissen um Planeten und Kometen

Das Wissen um Planeten und Kometen wird in diesen Teil eingebracht, ein Thema, das die Leser im Zeitalter der großen Entdeckungen interessierte. Faust ist hier ein ernstzunehmender Wissenschaftler, „wollte alle Gründ am Himmel und Erden erforschen" (S. 8). Selbst der Teufel verweist Faust auf die wissenschaftlichen Zusammenhänge: Als Faust nach dem Ursprung von Winter und Sommer fragt, rät ihm der Geist, er solle „als ein Physicus" (S. 38) solches selbst sehen und nach dem Sonnenlauf verstehen. Aber auch Fausts Lebenslauf wird verfolgt: Herkunft aus Roda bei Weimar, aus bäuerlicher Umgebung, Studium bis zum „Doctor Theologiae" (S. 7), was Faust wahrscheinlich nicht war. Es folgt die Beschwörung des Teufels Mephostophiles und die „Disputation ... mit dem Geist" (S. 10 ff.), so bezeichnet das Volksbuch den Teufel. Faust fordert von ihm, „in Gestalt und Kleidung eines Franciscanermünchs" (S. 14) zu erscheinen. Nachdem der Pakt geschlossen ist, bleibt Mephostophiles in Gestalt des Mönchs bei Faust. Sie wohnen, gemeinsam mit dem Famulus Christoph Wagner, im Haus eines frommen Vetters, das dieser Faust vererbt hat (S. 18). Verse vermitteln moralische Lehren: „Wer allein das Zeitlich betracht, /

Und auf das Ewig hat kein Acht, / Ergiebt sich dem Teufel Tag und Nacht, / Der hab auf seine Seel wohl acht." (S. 16). Mephostophiles und Faust sprechen auch über den Aufbau der Hölle, die Gestalt Luzifers, die Gewalt des Teufels. Ab dem 18. Kapitel folgt „der ander Teil" (der zweite Teil, S. 36). Er berichtet über Faust als Astrologe, wie sich die höllischen Geister bei Faust vorstellen, das Erlebnis der Hölle – tatsächlich aber ein Gaukelspiel des Teufels –, und Fausts Reisen durch fremde Länder und Städte, auch nach Rom, und über Fausts Papstbesuch. Im dritten und letzten Teil werden Fausts Auftritt an Fürstenhöfen geschildert und schließlich auch von seinem „jämmerlichen erschrecklichen End und Abschied" (S. 69) berichtet. Zudem erfolgt die genaue Bestimmung der Handlungszeit. Es ist die Regierungszeit Kaiser Karls V. (1519–1556): An dessen Hof lässt Faust die Geister Alexanders des Großen und seiner Frau erscheinen, einem Ritter zaubert er ein Hirschgeweih auf den Kopf, frisst einem Bauern „ein Fuder Heu samt dem Wagen und Pferden" (S. 78) und befördert mit seinem fliegenden Mantel drei Grafen von Wittenberg nach München. Am Hofe des Grafen (Fürsten) von Anhalt zaubert er für die Gräfin im Januar Weintrauben und Obst herbei. Mit Studenten reist er auf einer fliegenden Leiter von Wittenberg in den Weinkeller des Bischofs von Salzburg. Ein Höhepunkt seiner Schwarzkunst wird die Beschwörung der Helena: „Diese Helena erschiene in einem köstlichen schwarzen Purpurkleid, ihr Haar hatte sie herab hangen, das schön und herrlich als goldfarb erschiene, auch so lang, dass es ihr bis in die Kniebiegen hinabginge" (S. 94). Es gibt auch Bekehrungsversuche, „ein christlicher frommer gottesfürchtiger Arzt und Liebhaber der H. Schrift" (S. 131) mahnt ihn im 17. Jahr des Paktes zur Reue und Umkehr. Als Faust nach sechzehn Jahren nachdenklich wird, fordert „sein Geist" (S. 133) erneut einen Pakt, in dem er sich dem Teufel verschreibt. In seinem letzten

Fausts Auftritt an Fürstenhöfen

Jahr verbindet er sich mit Helena, „die er so liebgewann, dass er schier kein Augenblick von ihr sein konnte" (S. 138). Helena bringt Fausts Sohn Justus Faustus zur Welt; Mutter und Sohn verschwinden, als Faust vom Teufel geholt wird. Im letzten Jahr setzt Faust seinen Diener und Famulus Christoph Wagner als Erben ein, woraus sich eine eigene Tradition der Wagner-Bücher (1593 *Wagnerbuch*, es folgten in drei Jahren sechs Auflagen und mehrere Übersetzungen) entwickelt.

Angst vor dem Ende

Die Angst vor dem Ende steigt bei Faust und er schreibt „Doctor Fausti Weheklag" (S. 141) nieder. Die Klagen häufen sich und sein Geist Mephostophiles kann Faust dafür nur verspotten. In der letzten Nacht gesteht Faust seinen Studenten im Dorf Rimlich bei Wittenberg, dass seine Künste und Zauberei Teufelswerk waren. Danach schickt Faust sie in einen Nebenraum. Bald darauf hört man Faust um Hilfe rufen, dann wird es still. Am nächsten Morgen finden die Studenten „keinen Faustum mehr, und nichts, denn die Stuben voller Bluts gesprützet. Das Hirn klebte an der Wand, weil ihn der Teufel von einer Wand zur andern geschlagen hatte. Es lagen auch seine Augen und etliche Zähn allda, ein greulich und erschrecklich Spectakel." (S. 151) Faust wird in Rimlich begraben.

Elemente eines Romans

Im Aufbau sind Elemente eines Romans zu erkennen: die Hauptgestalt, auf die sich alle Handlungen konzentrieren; die Ordnungen der Ereignisse. Während zuerst ausführliche Disputationen den theoretischen Grund für die Ereignisse legen, dann Fausts Tätigkeit als Astrologe und Kalendermacher vorgestellt wird, die ohne teuflische Kräfte auskommt, folgen erst ab der Mitte die magischen Verwandlungen und Zaubereien und häufen sich im dritten Teil. Im gleichen Maße nehmen Fausts Reueanfälle zu (S. 131 ff., 133 ff., 141 f., 145 f.) und es entstehen Konflikte, die auf spätere Romanstrukturen hinweisen. Noch bestimmen sie jedoch das Einzelereignis und nicht den gesamten Ablauf. Eine

Entwicklung des Konflikts, der durch den Teufelspakt konstituiert wurde und unveränderlich bleibt, ist nicht zu erkennen. Auch muss Faust der Absicht des Buches entsprechend dem Bösen verfallen und darf nicht gerettet werden.

Thematik und Kurzinterpretation

Problem des Volksbuches

Das Problem des Volksbuches besteht darin, dass es entgegen der ursprünglichen Absicht wirkte: Mit Faust identifizierten sich breite Leserkreise. Dazu trug das Volksbuch selbst bei, denn es konnte nicht umhin, Fausts Leistungen anzuerkennen: Faust „ward ein Weltmensch, nannte sich ein D. Medicinae, ward ein Astrologus und Mathematicus und zum Glimpf (anstandshalber, als Vorwand, R. B.) ein Arzt. Half auch erstlich vielen Leuten mit Arzenei, mit Kräutern, Wurzeln, Wassern, Tränken, Recepten und Clistieren. Darneben war er redsprechig, in der göttlichen Schrift wohlerfahren" (S. 7 f.). Es trug zu dieser Wirkung bei, dass das Volksbuch auf besondere ästhetische und künstlerische Ansprüche verzichtete und dadurch breitesten Interessen und Fähigkeiten gerecht wurde. Der Autor des Volksbuches orientierte sich am Unterhaltungsbedürfnis des Publikums. Was einerseits zu großer Wirkung verhalf, war andererseits hindernd für die geistige Qualität. Friedrich Engels bewertete die Verluste in seiner Untersuchung *Die deutschen Volksbücher* so: „Die Faustsage ist zu einer gemeinen Hexereigeschichte herabgesunken, mit ordinären Zauberanekdoten verziert, sogar die wenige Poesie, die sich in den Volkskomödien erhalten hat, ist fast ganz verschwunden." Er warnte schließlich, dass das Volksbuch in seiner gegenwärtigen Gestalt „den alten Aberglauben wieder befestigen und erneuern"[61] werde.

61 Friedrich Engels: *Die deutschen Volksbücher*. In: Karl Marx/Friedrich Engels. Über Kunst und Literatur, hrsg. von Michail Lifschitz. Berlin: Verlag Bruno Henschel und Sohn, 1948, S. 470

24 Jahre des Paktes

Die 24 Jahre des Paktes werden unterschiedlich ausführlich ausgebreitet. Die ersten acht Jahre umfassen in der Erstausgabe 24 Kapitel, die zweiten acht Jahre nur zwei. Das 17. Jahr, Fausts Reisen durch die Welt und seine Interessen für das Universum beschreibend, wird am ausführlichsten zwischen dem 26. und dem 53. Kapitel behandelt. Die im 16. Jahrhundert beliebten Reisebeschreibungen, die auch als phantastische Reisen geboten werden, werden als literarisches Muster genutzt. Dann folgen die Kapitel fast deckungsgleich mit den Jahren, bis ab dem 60. Kapitel, das nochmals von den beiden Teilen abgehoben und gesondert ausgewiesen wird, alles auf Fausts Ende zielt. Im dritten (letzten) Teil (S. 69 ff.) finden sich die meisten bekannten Begebenheiten der Faust-Sage, darunter auch die Verwandlung der Schweine in Stroh (S. 85). Der Verfasser wollte mit seiner Darstellung gottlosen Menschen ein abschreckendes Beispiel geben, denn „seid Gott untertänig, widerstehet dem Teufel, so fliehet er von euch."[62] Der Buchdrucker Johann Spieß, der das Volksbuch druckte, teilte in dem Widmungsschreiben seinen Freunden mit, dass die Abenteuer Fausts fortwährend Gesprächsstoff seien, auch auf Gesellschaften und „Gastungen" (S. 3; Gastmählern, Gastlichkeiten), dass auch die Historiker sich mit ihm beschäftigen würden, aber bisher noch keine Gesamtdarstellung veröffentlicht worden sei. Er beschrieb damit ein Zeitinteresse, das von der zeitgenössischen Wissenschaft noch nicht befriedigt worden war. Nun habe ein guter Freund aus Speyer ihm diese Darstellung zur Verfügung gestellt. Dem folgt eine *Vorred an den Christlichen Leser*, die den Warncharakter der Schrift deutlich macht: Der von Gott zu seinem Ebenbild erschaffene Mensch soll sich nicht an seinem Schöpfer versündigen. Ausgewählt wurde vom Verfasser allein das, „was jedermann zur Warnung

62 So steht es auf dem Titelblatt des Originals, abgebildet in der *Historia* (kritische Ausgabe Reclam 2006); S. 4

und Besserung dienen mag" (vgl. S. 12 der kritischen Reclam-Ausgabe 2006, *Vorred an den Christlichen Leser*). Der protestantische Hintergrund wird ständig erkennbar, so wenn Faust „zeitweilig durch eine einfache Abkehr vom Bösen und durch Reue und Bußfertigkeit seine Rechtfertigung vor Gott wiederzuerhalten"[63] hofft. Die reformatorische Auffassung verneint aber die Mitwirkung des Menschen bei der Rechtfertigung, die allein als göttlicher Gnadenakt gedacht wird. Am deutlichsten wird die protestantische Haltung darin, dass Faust den Teufel als Franziskanermönch zu sehen wünscht. Damit wurde der Katholizismus zum bevorzugten Gegner des Volksbuches, das von einem strengen Luthertum geprägt ist. Fausts Erkenntnisdrang, der zugunsten seiner Zaubereien zurückgedrängt wurde, war einerseits nicht willkommen und wurde als Leugnung Gottes verstanden. Die Folge war Fausts böses Ende. Andererseits setzte sich in der Wirkung des Volksbuches **der nach Wahrheit suchende Mensch, der um Erkenntnis ringende Wissenschaftler und der seine Individualität verteidigende Renaissancemensch Faust** durch, der die eigentliche europäische Faust-Rezeption bestimmte. Die Renaissance, einsetzend um die Jahrhundertwende 1500, wurde durch Humanisten und Wiederbesinnung auf die Antike gleichermaßen geprägt; man denke an die Zusammenstellung der verschiedenen Höllen aus antiken, jüdischen und christlichen Höllen-Orten. Faust wurde zu einer typischen Gestalt dieser Entwicklung: Versehen mit den Erkenntnissen und Attributen der Gotik strebte er über diese hinaus und fand, wie die Sagen immer wieder beschrieben, in der Antike Homers eine Welt, die er in seine Gegenwart einbrachte. Fausts Beschwörung der Helena ist nicht nur

protestantischer Hintergrund

Fausts Beschwörung der Helena

63 *Historia von D. Johann Fausten dem weitbeschreiten Zauberer und Schwarzkünstler (1587)*. Mit einem Nachwort und Anmerkungen von Hans Henning. Leipzig: Philipp Reclam, 1963 (Universal-Bibliothek Nr. 9163/64), Nachwort: S. 157

die Beschwörung einer der schönsten Frauen der Weltgeschichte, sondern Faust lässt es sich nicht nehmen, das historische Umfeld Helenas zu nennen: „Königin Helenae, Menelai Hausfrau, oder Tochter Tyndari und Ledae, Castoris und Pollucis Schwester" (S. 94)[64]. Damit erwähnt Faust einen historischen Vorgang, der nicht nur einer der folgenreichsten in der Kunst und Literatur war und ist, sondern er ist auch die Grenzscheide zwischen Mythos und Geschichte, die durch den Trojanischen Krieg verläuft: Die Ereignisse sind verbürgt, aber ihre Details sind nur in mythischen Überhöhungen des Zusammenpralls zwischen Götter- und Menschenwelt und damit als Sage bewahrt.

Der Verfasser stellt einen Schwarzkünstler vor, vor dem er warnen will; andererseits ist deutlich aber auch die Lust zu spüren, diese absonderlichen Ereignisse auszustellen, und die Sympathie, die der Verfasser für den ungewöhnlichen Menschen Faust empfindet. Er wurde Fausts Zwiespältigkeit gerecht: Einerseits stand er in den mittelalterlich-mystischen Traditionen, andererseits drang er in die moderne naturwissenschaftliche Welt vor. Das wird in Fausts Arbeit als Kalendermacher (S. 36) deutlich: Faust wird ein „guter Astronomus oder Astrologus" (S. 36) dadurch, dass er nichts erfindet oder spekuliert, sondern studiert in „Practiken Zeit und Stunde, wann was Künftiges geschehen sollt" (S. 37). Faust arbeitete nachweislich wissenschaftlich und kam so zu richtigen Aussagen.

Fausts Zwiespältigkeit

Einzelne Geschichten, die der Volksbuch-Verfasser Faust zuschreibt, stammen aus anderen Zusammenhängen. Ergänzt werden die Ereignisse mit zahlreichen Belehrungen theologischer,

64 In der griechischen Sage ist Helena die Frau des Menelaos, König von Sparta; ihre Mutter Leda war die Frau des Tyndareos, Helenas Vater war Zeus, der Leda in Gestalt eines Schwans verführte, Kastor und Polydeukes (römisch Pollux) waren ihre Brüder. Helenas Entführung durch den trojanischen Prinzen Paris war der Anlass zum Trojanischen Krieg, in dessen Verlauf Troja unterging.

aber auch medizinischer, ethischer und geographischer Art („Lübeck ist auch ein bischöflicher Stuhl in Sachssen.", S. 63). Die Sagenbestandteile sind ebenso wiederzufinden wie die Überlieferungen. Insofern ist das Volksbuch nicht nur ein frühes naives Kunstwerk zum Faust-Stoff, sondern auch ein historisches Dokument, das selbst wieder bis ins Detail Vorlage für Christopher Marlowe war. Bis zu Thomas Mann reizte das Volksbuch durch seine holzschnittartigen, bildhaften Beschreibungen.

3.2 Christopher Marlowe: *Die tragische Historie vom Doktor Faustus*[65]

Zeitgeschichtlicher Bezugsrahmen

Christopher Marlowe (1564–1593) war ein englischer Schriftsteller des Elisabethanischen Zeitalters. Das Faust-Stück des bedeutendsten englischen Dramatikers vor Shakespeare ist die erste bekannte Bühnendichtung des Stoffes und um 1588, vielleicht auch erst 1592 entstanden; es soll allerdings schon **1589** in London gespielt worden sein. Anlass war einerseits eine englische Faust-Ballade von 1589 (*The Judgment of God shewed upon ohne John Faustus, Doctor in Divinity*), in der Faust in Form eines Rollengedichts sein Schicksal, das mit seinem im Volksbuch geschilderten deckungsgleich ist, beschreibt: „Ihr Christenmenschen alle, hört mich an, / Der ich von Qual umringt nicht sterben kann: / Ich lebte, wie's noch keiner je versucht, / Christus verließ ich – und bin drum verflucht."[66] Andererseits kannte Marlowe wahrscheinlich die Übersetzung des deutschen Volksbuches von 1587, die vermutlich 1588 im Manuskript vorlag, jedoch erst 1792 im Druck verbürgt ist. Nach 1594 gab es bis 1597 23 Aufführungen von Marlowes Stück in London.
Marlowe führte die englische Tragödie auf eine bis dahin unbekannte Höhe; sein Faust war dabei ein wesentlicher Schritt. In jüngster Zeit ist Marlowe als der große Dramatiker gesehen worden, der Shakespeare angemessen vorbereitete, vielleicht mit ihm zusammenarbeitete oder – so die extremen Deutungen – nach seinem, Marlowes, vorgeschobenen Tod als Shakespeare

65 Nach folgender Ausgabe wird zitiert: Christopher Marlowe: *Die tragische Historie vom Doktor Faustus*. Deutsche Fassung, Nachwort und Anmerkungen von Adolf Seebaß. Stuttgart: Reclam, 1964, 2005 (Universal-Bibliothek Nr. 1128). Der Text folgt der ersten englischen Ausgabe von 1604 und unterscheidet sich deutlich vom um ein Drittel umfangreicheren Text von 1616.

66 *Das Gericht Gottes, vollzogen an einem gewissen Johann Faustus, Doktor der Gottesgelahrtheit.* In: Middell, 1. Bd., S. 116. Möglicherweise stammt die Ballade von Marlowe.

wieder auferstand. Marlowes aufregendes und durch einen Mord beendetes junges Leben, seine geheimdienstliche Tätigkeit, beides oft als Vorlage für Romane genutzt[67], sind aktuell begehrt und mit gegenwärtigen Vorgängen vergleichbar. – Für die erste Dramatisierung des Faust-Stoffes standen die gleichen Zeitereignisse Pate wie für das Volksbuch, spezifiziert durch die englische Geschichte. Es war die Regierungszeit der Tudors, insbesondere die Zeit Elisabeths I. (Reg.zeit 1558–1603), ein glänzender Abschnitt der britischen Geschichte. England trat aus dem Mittelalter in die Neuzeit ein, Staat und Kirche wurden reformiert. Das Staatskirchentum war erfüllt von protestantischem Geist. Wenn Marlowe den Papst durch seinen Faust ohrfeigen lässt, so äußert sich darin ein Vertreter der neuen Intelligenz gegenüber der „stolzen Institution der römischen Universalmacht ... Die Vatikanszene ist geschrieben wenn auch gewiss nicht aus lutherischem Geist, so doch aus den vulgärsten Quellen des zeitgenössischen Antiklerikalismus, aus denen zuzeiten auch Luther gar nicht so zimperlich schöpfte"[68]. Marlowe stand 1588 und 1593 wegen seiner atheistischen Anschauungen vor Gericht und wäre zum Tode verurteilt worden, wenn er nicht zuvor ermordet worden wäre. Der Atheismusvorwurf an Marlowe bestätigt, dass sein *Doktor Faustus* als eine „revolutionäre Bekenntnisdichtung aus dem Kreis der Häretiker (Abweichler von der offiziellen Lehre, Ketzer, R. B.) im England der Elisabeth" (Ernst Beutler, zit. in Goethe, BA 8, 746) zu verstehen ist.

Regierungszeit der Tudors

67 Die Romane stammen zumeist aus dem englischsprachigen Raum, in Deutschland erschien zuletzt von Dieter Kühn *Geheimagent Marlowe. Roman eines Mordes*. Frankfurt am Main: S. Fischer Verlag, 2007; im elisabethanischen Kostüm, aber mit modernen sprachlichen Versatzstücken führt Kühn die Geheimagententätigkeit als gegenwärtige vor: „Agenten des Feindes heißen bei uns immer nur Spitzel!" (S. 77).

68 Robert Weimann: *Shakespeare und die Macht der Mimesis*. Berlin und Weimar: Aufbau-Verlag, 1988, S. 96

1588 hatte die Auseinandersetzung um die Macht in Europa eine entscheidende Wende genommen: Mit der Niederlage der spanischen Armada vor der englischen Küste erfuhr Englands Aufstieg zur Weltmacht auf dem Meere eine entscheidende Bestätigung. Daraus entstand schnell die Wirtschaftsmacht England; moderne Industriezweige in Form von Manufakturen entstanden. Die Ostindische Compagnie, die das Privileg des Handels mit Ostindien und anderen Teilen der Welt erhielt, stieg zu einem führenden Handelsunternehmen auf. Geistig begann die Entwicklung zu einem aufgeklärten Absolutismus, der mit einer Verfassung Staat und Kirche autokratisch regierte. Das wirkte sich auf Marlowes Faust-Gestalt aus: Der Dichter gab ihr nicht nur menschliche Größe, sondern sah sich mit ihr in Übereinstimmung. Sein Faust wurde die Inkarnation des englischen Anspruchs und Aufstiegs; als Faust seine Ziele nennt, die er durch Geisterbeschwörung erreichen will, gehört auch dazu: „Nach Indiens Golde solln sie für mich fliegen, / dem Ozean die hellsten Perlen rauben" (S. 8). Dabei umfasste „Indien" sowohl das bekannte Indien als auch das neue Indien, das 1492/93 entdeckte Amerika.

Inkarnation des englischen Anspruchs und Aufstiegs

Nachdem Marlowes Stück große Wirkung, zahlreiche Nachahmer in Schauspieltruppen und im Puppenspiel gefunden hatte und 1604 erstmals gedruckt worden war, geriet der Autor in seiner englischen Heimat für lange Zeit in Vergessenheit und wurde erst 1814 in London wieder genannt. Das Stück hingegen wurde zum Volksschauspiel, besonders nach seinem Vordringen auf die deutschen Wander- und Puppenbühnen. Mit dem Stück hob Marlowe „das auf äußere Effekte berechnete englische Schauspiel auf das Niveau der Charaktertragödie, und im Faust-Stoff fand dieser große Gestalter *sein* Thema. Die aus dem Geist der Renaissance geborene Faustgestalt, das tragische Scheitern titanischer Absichten lockten Marlowe zur dramatischen

Bearbeitung."[69] Wahrscheinlich wurde das Stück bereits 1589 in London gespielt, dann aber wegen Gottlosigkeit verboten. Marlowes *Doktor* erweist sich immer wieder als außergewöhnlich bühnenwirksam und aktuell. 2003 inszenierte Manfred Wekwerth, Brecht-Schüler und Interpret, das Stück im Dom zu Halle. [70] In dieser Inszenierung bestand die Tragik Fausts darin, dass er die schillernde Spaßgesellschaft nicht als Verführung erkannte.[71] Marlowes *Faust* ist derber, spektakulärer, zauberhafter als der *Faust* Goethes und doch ihm ähnlich. Wann ihn Goethe zur Kenntnis nahm, ist unbestimmt. Erst 1818 erschien Marlowes *Faust* in deutscher Übersetzung und für das gleiche Jahr ist auch eine Lektüre Goethes gesichert, aber Goethe kann ihn durchaus im Original gelesen haben, das seit 1604 gedruckt war. Die zahlreichen Übereinstimmungen und Entsprechungen weisen auf direkte Beziehungen zwischen beiden Texten hin. Sicher hat Goethe die nach diesem Stück entstandenen und in Deutschland aufgeführten Faustspiele, die durch englische Schauspieltruppen über die Niederlande den Stoff zurückbrachten, 1768 in Frankfurt a. M. oder 1770 in Straßburg gesehen. 1824 spielte Marlowe in einem Gespräch zwischen Goethe und Eckermann eine Rolle und wurde mit Shakespeare verglichen, der „eine gewaltig hervorragende Größe (gewesen sei), aber man kommt doch zu der Überzeugung, dass viele Wunder seines Geistes einigermaßen zugänglich werden, und dass vieles von ihm in der kräftigen produktiven Luft seines Jahrhunderts und seiner Zeit lag"[72].

außergewöhnlich bühnenwirksam und aktuell

Goethe

---

69 Gotthard Erler: *Entstehung und Überlieferung*. In: Goethe, BA 8, S. 746

70 Christopher Marlowe: *The Tragicall History of the horrible Life and Death of Doctor Faustus*. Regie: Manfred Wekwerth, Bühnenbild/Kostüme: Rolf Klemm, neues theater Halle, Premiere: 4. Juli 2003

71 Vgl. Rüdiger Bernhardt: *Spektakel in Dom*. Christopher Marlowes *Doktor Faustus* im Dom zu Halle. In: unsere zeit, 35. Jahrgang, Essen 2003, Nr. 30, S. 13

72 Johann Peter Eckermann: *Gespräche mit Goethe in den letzten Jahren seines Lebens 1823–1832*. Berlin: Aufbau-Verlag, 1962, S. 94 (Eintragung vom 2. Januar 1824)

Inhaltlicher Aufbau

Personenverzeichnis

Das Personenverzeichnis (S. 4) weist zahlreiche Gestalten aus, die für Himmel („Der Gute Engel") und Hölle („Luzifer, Beelzebub, Mephistopheles") stehen, einen gesellschaftlichen Querschnitt durch Europa vom Papst über den deutschen Kaiser und den Kardinal von Lothringen bis zu den sozial unteren Schichten wie Schenkwirten, Rosstäuschern und Studenten bieten, schließlich Geschichte einbeziehen (Geister Alexander des Großen und Helenas von Troja). Ein Prolog führt in das fünfaktige Stück ein und stellt Faust vor: Er sei in Roda in Thüringen als Sohn niederer Eltern geboren, habe in Wittenberg von einem Vetter ein Haus geerbt (S. 5) – das folgt wiederum dem Volksbuch –, und dort auch studiert, promoviert und habe sich inzwischen der Magie verschrieben. Das Volksbuch ist erkennbar. Der historische Anspruch dieser Faust-Handlung wird dadurch erhoben, dass sie mit bedeutenden geschichtlichen Ereignissen, etwa Hannibals Sieg 217 v. d. Z. über die Römer auf dem Trasimenischen Feld (S. 5), verglichen wird. Möglicherweise weist Marlowe auf sein erstes Stück *Dido, Queen of Carthage* (1594) oder heute unbekannte Stücke Marlowes hin.

Stück läuft zeitlich außergewöhnlich präzise ab

Das Stück läuft zeitlich außergewöhnlich präzise ab: Die Zeit wird immer dichter zum Ende hin. Während im 1. Akt der Pakt abgesprochen und im 2. Akt besiegelt wird, vergehen die 24 Jahre im 3. und 4. Akt. Im 5. Akt schließlich wird erst in Tagen, dann in Stunden gerechnet und die letzte Stunde vor Mitternacht mit dem letzten Monolog Fausts gefüllt: „Die Uhr schlägt elf.", „Die Uhr schlägt.", „Es schlägt zwölf." (S. 66 f.) Akustische Signale lassen Fausts Untergang miterleben und Zeit zu einem subjektiven Erlebnis werden: Die Verdammnis tritt erschreckend schnell an die Stelle des Lebens.

Marlowes Faust will erkennen und genießen; dabei akzeptiert er keine Grenzen, aber auch keine Ängste. Kirchliche Zwänge oder Vorverurteilungen wegen seines Forscherdranges lehnt er, dem Kirchenverständnis der anglikanischen Kirche folgend, ab: „Als Theolog' begannst du, bleib's nach außen" (S. 6). Sein Vorbild des strebenden Forschers aber ist Aristoteles. Damit ist antikes Denken nicht nur wieder in den Blick geraten, sondern wird als vorbildhaft empfunden. Marlowes Faust ist weit mehr als der Faust des Volksbuches eine Mischung aus Schwarzkünstler und ernsthaftem Wissenschaftler. Als Mephistopheles Faust ein Zauberbuch überreicht, fordert Faust nicht nur ein Buch über Zauberformeln, sondern auch eines mit allen Himmelszeichen und Sternbildern, eines mit allen Pflanzen, Kräutern und Bäumen. Der Teufel weist Faust nach, dass es sich bei seinem Buch nicht nur um ein Zauberbuch, sondern um ein Kompendium des Weltwissens handele.

Mischung aus Schwarzkünstler und ernsthaftem Wissenschaftler

Im **1. Akt** bekennt sich Faust in seinem Monolog zur Magie, nachdem er seinen Überdruss über die bisherigen Studiendisziplinen - darunter Medizin und Jura - verkündet hat. Die Theologie erfährt schärfste Ablehnung, „freudlos, verächtlich, kantig und erbärmlich" (S. 9). Der Gute Engel und der Böse Engel raten ihm von der Magie ab bzw. zu; das wiederholt sich mehrfach. Faust beschwört Mephistopheles, den er - wie im Volksbuch - als Franziskanermönch sehen will. Der erklärt ihm die Herkunft der Teufel: „Unselige Geister, die mit Luzifer / sich gegen Gott empört, mit Luzifer /gestürzt, mit Luzifer verdammt auf ewig." (S. 15) Faust will 24 Jahre „in grenzenloser Wollust" (S. 15) leben, dafür gibt er seine Seele dem Teufel. Im **2. Akt** unterzeichnet Faust mit seinem Blut den Pakt mit Mephisto, der ihm die Hölle beschreibt: „Die Höll' ist unbegrenzt und nicht gebunden / an einen Raum, denn wo wir sind, ist Hölle, / und wo die Höll' ist, müssen stets auch wir sein." (S. 23) Die Hölle erscheint als

weltlicher Ort: Selbst Fausts Studierzimmer, in dem sich Mephistopheles gerade befindet, ist Teil dieser Hölle, erkennt Faust überrascht (S. 24). –
Mephisto soll Faust eine Frau verschaffen. Der Teufel lehnt eine Frau für Faust ab und gibt ihm ein Zauberbuch dafür, mit dem er sich seine Wirklichkeit gestalten kann: durch Gold, durch zerstörerische Wetter und durch Soldaten. Luzifer und Beelzebub stellen Faust die sieben Todsünden vor und stimmen ihn damit auf seine Reisen zum Olymp und durch Europa ein. Zu Beginn des **3. Aktes** wird „der weise Faust" (S. 34) erneut als Wissenschaftler vorgestellt, der die Astronomie nach den Gesetzen der griechischen Götter gelernt hat. Nach einer längeren Reise über Trier, Paris, Neapel und anderen Städten, auch dort Stätten antiker Literatur wie das Grab Vergils suchend, sind Mephisto und Faust beim Papst in Rom und stiften, unsichtbar geworden, Unruhe. Faust gibt dem Papst sogar eine Ohrfeige (S. 38). In der Ausgabe von 1616 erscheinen Faust und Mephisto als Kardinäle verkleidet und initiieren Kundgebungen für einen Gegenpapst. Der **4. Akt** sieht Faust und Mephisto heimgekehrt; Fausts erworbene Weisheit löst Bewunderung aus und macht den Kaiser auf ihn aufmerksam. Der will eine Probe seiner Kunst, „der Schwarzen Kunst" (S. 42), erleben. Faust kann keine „wirklichen Leiber in Fleisch und Blut" (S. 43) beschwören, aber Geister: Er lässt Alexander den Großen und seine Frau Roxane erscheinen. Einen Ritter verunstaltet er, weil er an Fausts Kunst zweifelt, durch ein Geweih auf den Kopf. Dann begibt er sich in sein Haus in Wittenberg, verzaubert ein Pferd in ein „Bündel Heu" (S. 50) und hext der Herzogin von Anhalt im Januar Weintrauben auf den Tisch. Allerdings erklärt er den Vorgang naturwissenschaftlich exakt: „Das Jahr ist in zwei Kreisen über die ganze Welt verteilt, so dass, wenn hier bei uns Winter herrscht, es in der andern Hemisphäre Sommer ist" (S. 55).

Zu Beginn des **5. Aktes** meint Wagner, sein Meister „glaubt, er muss bald sterben" (S. 56); Faust hat Wagner seinen Besitz vermacht. Für Studenten zaubert Faust Helena herbei, „das schönste Weib der Welt" (S. 56). Faust ist des Treibens müde und will sich das Leben nehmen: „in mir um mich kämpft Hölle gegen Gnade, / wie kann des Todes Schlingen ich entkommen?" (S. 59). Aber dann erneuert er den Pakt mit Luzifer und verbindet sich mit Helena. – Punkt Mitternacht holen die Teufel Faust. Als die Gelehrten am Ende der Nacht in Fausts Zimmer treten, finden sie „Faustens Glieder / zerstreut, zerrissen von der Hand des Todes!" (S. 68) Obwohl der Teufel Faust geholt hat, wollen die Gelehrten Faust, der einst ein bewunderter Lehrer gewesen sei, ein ehrendes Gedenken bewahren und ihn gebührend „zum Grab geleiten" (S. 68). Der abschließende Chor bestätigt Fausts Größe: „Das hoffnungsvoll schön aufgeschossne Reis / ist nun geknickt, Apollos Lorbeerzweig, / der dieses Mannes Haupt umgrünt, verbrannt." (S. 68)

zwiespältiges Ende

Das Ende scheint zwiespältig zu sein: Faust wird in eine teuflische Hölle geholt, die keineswegs mehr hier, irdisch und gegenwärtig ist. Insofern bestätigt Marlowe am Ende das überholte, aber noch vorhandene mittelalterlich-christliche Bild von Himmel und Hölle. Aber diesem Ende steht das andere gegenüber, die ehrenvolle Bestattung Fausts durch seine Gelehrtenkollegen und die Teilnahme der Studenten. In Erinnerung bleibt, wie der Chor mitteilt, der mit Apollos Lorbeerzweig gekrönte Faust, der heidnisch-antike Meister der Künste und der Weissagung.

Thematik und Kurzinterpretation

Marlowes Faust ist ein Renaissancemensch

Marlowes Faust ist ein Renaissancemensch: Er ist unbekümmerter als Goethes Faust, selbstständiger und geistig anspruchsvoller als der Faust des Volksbuches. Er ist **Intellektueller und Rebell, Schwarzkünstler und Lebenskünstler**. War der Faust des Volksbuches einfach neugierig, so drängt Marlowes Faust nach Wissenszuwachs; aus der Wollustsehnsucht des einen wird die Liebessehnsucht des anderen, die sich in einer Liebeszene Shakespeare'scher Intensität erfüllt („Es saugen ihre Lippen meine Seele / aus mir – da fliegt sie, schau! – Komm, Helena, / komm, gib mir küssend meine Seele wieder!" (S. 60). Aus dem zaubernden Magier des Volksbuchs wird der alle Grenzen brechende übermenschliche Geist, der sich während des gesamten Stückverlaufs als hervorragender Wissenschaftler ausweist und trotz seines Abfalls von Gott als „Lehrer, einst bewundert" (S. 68) von seinen Mitgelehrten geachtet wird. Dieser Faust entwirft Utopien, die auf Goethes *Faust II* weisen. Faust will „der Erde Kaiser werden / und eine Brücke durch die Lüfte schlagen, / ein Heer drauf übern Ozean zu führen! / Die Küstenberge Afrikas mit Spanien / zu einem neuen Kontinent verbind ich ..." (S. 16). Faust erhebt sich in die Höhen des Himmels, sieht sich als Ikarus und als Adler. Marlowe spricht von „wächsernen Flügeln" (S. 79) und erinnert damit an Dädalus, den Wilhelm Müller in der Übersetzung bedachte („Dädalsflügel"), im Volksbuch sieht sich Faust mit Adler-Flügeln ausgerüstet („nahm an sich Adlers Flügel", *Historia* (1964), S. 8) und erinnert an Prometheus.

Die Übersetzung Wilhelm Müllers

Marlowes Stück wurde 1818 von Wilhelm Müller (1794–1827), dem „Griechen-Müller", wie er wegen seiner Gedichte auf den griechischen Freiheitskampf genannt wurde, ins Deutsche übersetzt.[73] Die Übersetzung erschien mit einem Vorwort von Lud-

73 Vgl. Hans Henning: *Zum 100. Geburtstag eines seltenen Buches – Marlowes Faust in der Übersetzung von Wilhelm Müller (1818).* In: Marginalien. Blätter der Pirckheimer-Gesellschaft. Berlin und Weimar: Aufbau-Verlag, 27. Heft, November 1967, S. 47–53

wig Achim von Arnim in Berlin. Arnim war es auch, der die Übersetzung in Müllers Auftrag an Goethe sandte. Dadurch lernte Goethe Marlowes Stück in Deutsch kennen, das er möglichcrwcise im Original bereits gelesen halle. Die Übersetzung gehörte in das Umfeld der romantischen Bemühungen (die Brüder Schlegel, Tieck) um Shakespeare. Müller stand der Berliner Romantik nahe; entsprechend betonte er den Konflikt zwischen „der Abwendung von Gott und der Hinwendung zu eitlem Erkenntnisstreben und damit zur teuflischen Macht"[74]. Marlowes Faust scheiterte, weil es für ihn in den sich herausbildenden frühbürgerlichen Verhältnissen (noch) keine Möglichkeit gab, seine Ziele des universellen Entdeckens der Weltgeheimnisse zu erreichen. Müller und Arnim aber waren sich einig, dass mit zunehmender Wissenschaft und dem Streben nach universellem Wissen Hochmut und Eitelkeit des Menschen steigen und der Mensch sich Gott entfremdet und der Untergang Fausts die Folge der eitlen Selbstüberhebung ist. In dem Zusammenhang liest Arnim auch Goethes *Faust*, von dem nur der *Erste Teil* vorliegt, anders. „Armin benutzt Goethes Dichtung ... zur Absage an Wissens- und Erkenntnisstreben. Er betrachtet ferner Marlowes Drama und die Übersetzung Müllers als Bestätigung für die Gefährdung des Menschen im Wissensbetrieb. Das aber ist gegen Goethe gerichtet."[75] Müller setzte seine Ansicht im Epilog des Stückes um:

„Faust ist dahin. Betrachtet seinen Sturz,	Faustus is gone: regard his hellish fall,
So dass sein Missgeschick den Klugen warne,	Whose fiendful fortune may exhort the wise
Verbotner Weisheit grübelnd nachzugehn,	Only to wonder at unlawful things,
Denn ihre Tiefe lockt vorschnellen Erdenwitz	Whose deepness doth entice such forward wits
Zu tun was hier und dort der Seele wenig nütz."[76]	To practise more than heavenly power permits.

74 Henning 1967, ebd., S. 49
75 Henning 1967, ebd.
76 Zit bei Henning 1967, S. 50

Das Original wurde verändert: Mit „to wonder at unlawful things" waren ungesetzliche Dinge, aber keine verbotenen Weisheiten gemeint. Müllers vorschneller Erdenwitz war im Original „forward wits" (vorwärtsweisende Fähigkeiten). Während Marlowe Fausts Anspruch für berechtigt hielt und seinen Untergang betrauerte, deutete Müller die notwendige Vernichtung Fausts als „Warnung"[77]. Anders heißt es in der modernen Übersetzung: „Faust ist dahin, sein satanseignes Schicksal, / sein Höllensturz mög' jeden Weisen lehren, / nur staunend anzusehn das Unerlaubte: / *der* Abgrund muss solch kühnen Geist verleiten, / das gottgesetzte Maß zu überschreiten." (S. 68)
Das Stück Marlowes wurde, wenn auch oft in vereinfachten und flachen Umsetzungen, durch Komödiantentruppen nach Deutschland gebracht. Es wurde im 17. Jahrhundert fast überall in Deutschland gespielt und fand hier Eingang ins deutsche Puppenspiel. Mehrere unterschiedliche Fassungen entwickelten sich und blieben bis in die Gegenwart aktuell. Marlowes Stück erlebte zahlreiche Übersetzungen (unter anderem Bodenstedt 1860, van der Velde 1870, Seebaß 1949, Udo Szudra 1964).

77 Henning 1967, S. 51

3.3 Gotthold Ephraim Lessing: *Faust*[78]

Bei Lessings *Faust* handelt es sich um ein **Fragment**, insgesamt liegen das Exposé zu einem Vorspiel, drei Szenenentwürfe und zwei ausgearbeitete Szenen vor.

Zeitgeschichtlicher Bezugsrahmen

Aufklärung

Die Aufklärung fand wenig Zugang zum Faust-Stoff; ihre Vertreter führten einen hartnäckigen Kampf gegen Zauberei und Aberglauben, obwohl andererseits Wissens- und Erkenntnisstreben zu ihren bevorzugten Prinzipien gehörten. Lessing stieß bei seinem *Faust*-Versuch auf Bedenken seines Freundes **Moses Mendelssohn**, der Lessings Bemühen, das Volkschauspiel vom Faust lebendig zu machen, für einen lächerlichen Versuch hielt. Einer der verständigsten Lessing-Interpreten meinte: „... was ist dem weisen Mendelssohn mit seiner Aufklärung und seinen dünnen reinlichen Begriffen die Magie und der Magus der Volkssage mit seinen Teufelsbeschwörungen und dem grauenvollen Ende"[79]. Moses Mendelssohn war zu sehr vernünftiger Aufklärer, als dass er Lessings Vorhaben hätte würdigen können. Er hatte 1755 Lessing ironisch gefragt: „Wo sind Sie, liebster Lessing, mit Ihrem bürgerlichen Trauerspiel? Ich möchte es nicht gern beim Namen nennen, denn ich zweifle, ob Sie ihm den Namen Faust lassen werden. Eine einzige Exklamation: O Faustus! Faustus! Könnte das ganze Parterre lachen machen."[80] Es ist die erste bekannte Erwähnung von Lessings *Faust*. Mendelssohn war kein

78 Nach folgender Ausgabe wird zitiert: Lessing: *Werke*. Ausgewählt von Karl Balser. *Faust*: 5. Bd., S. 260 ff., Text im Internet auch unter http://www.zeno.org/Literatur/M/Lessing,+Gotthold+Ephraim/Dramenfragmente/D.+Faust zu finden (Stand: August 2009).

79 Kuno Fischer: *G. E. Lessing: Reformator der deutschen Literatur*. Stuttgart: Verlag der J. G. Cotta'schen Buchhandlung, 1881, 1. Band, S. 153 f.

80 Moses Mendelssohn am 19. November 1755 an Lessing. Zit. in Kuno Fischer, Bd. 1, S. 152

Einzelfall. Der neben Lessing namhafteste und einflussreichste Theoretiker der Aufklärung, **Johann Christoph Gottsched**, lehnte die Faust-Sage prinzipiell ab, weil er im 17. Jahrhundert im Volk der bekannteste Schwarzkünstler war. Dass es bei Faust auch um Erkenntnisgewinn ging, also eine typische aufklärerische Forderung, wurde kaum einem Aufklärer bewusst, nur Lessing. Gottscheds Schlussfolgerung war, dass man alle Bücher über Faust verbieten müsse und auch Komödien, die sich ihm widmeten, von der Bühne verbannen sollte.

Für Lessing wurde Faust zu einem prinzipiellen Gegenstand des deutschen Kunstverständnisses, wie sein *17. Literaturbrief* beweist. Daraus ergab sich die Frage, ob Fausts Erkenntnisstreben und sein Entwurf eines neuen Weltbildes tatsächlich mit der Höllenfahrt enden sollten oder ob nicht dem um Erkenntnis ringenden Wissenschaftler eine Erlösung zuteil werden müsste.

Rettung Fausts war die geeignete Lösung im Sinne eines aufstrebenden bürgerlichen Bewusstseins

Die Rettung Fausts war die geeignete Lösung im Sinne eines aufstrebenden bürgerlichen Bewusstseins, in dem die Wissenschaften einen bevorzugten Platz erhalten hatten. Die Erinnerung von Christian Friedrich von Blankenburg (1744–1796), der den von Lessing vorgesehenen Schluss beschrieb, bestätigt die Rettung Fausts. Zwar wollen die Teufel Faust entführen, aber ein Engel hat ihnen ein Phantom untergeschoben. Als die Teufel über ihren Sieg frohlocken, ruft ihnen der Engel zu:

> *„Triumphiert nicht, ihr habt nicht über Menschheit und Wissenschaft gesiegt; die Gottheit hat dem Menschen nicht den edelsten der Triebe gegeben, um ihn ewig unglücklich zu machen; was ihr sahet und jetzt zu besitzen glaubt, war nichts als ein Phantom."*[81]

---

81 Lessing: *Werke in fünf Bänden*. Ausgewählt von Karl Balser. 5. Bd., S. 300 f.; Kuno Fischer, Bd. 1, S. 168; Middell, 1. Bd., S. 241 f.

Am 8. Juli 1758 schrieb Lessing aus Berlin an Gleim: „Ehstens werde ich meinen *Doktor Faust* hier spielen lassen. Kommen Sie doch geschwind wieder nach Berlin, damit Sie ihn sehen können."[82] Gleim hätte in Berlin diesen *Doktor Faust* allerdings nicht sehen können, denn das Stück war nicht fertig. **Lessing hat sich in den folgenden Jahren mit dem Stoff beschäftigt, abgeschlossen hat er ihn nicht.** 1767 stand das Stück, wie er dem Bruder schrieb, nochmals kurz vor der Aufführung, die auch diesmal nicht stattfand.

Eine Kiste mit Manuskripten, die Lessing während seiner Italien-Reise 1775 nach Wolfenbüttel zurückgeschickt hatte, ging verloren und mit ihr zwölf Bogen (ca. 160 Seiten) des *Faust*. Heute kennt man nur noch ein Fragment und weiß manches aus Berichten der Zeitgenossen von diesem Stück, das populär sein und durch Ironie wirken sollte. Lessings Faust strebte nach Wissen, eine Verführung durch Sünde konnte nicht gelingen. „Der Geist der Wissbegierde, gegenübergestellt dem Dämon der Sünde: so offenbar dachte sich Lessing den Gegensatz, aus dem nimmermehr der Triumph des Satans werden sollte."[83] Von den Bruchstücken des Stückes hat Lessing eines in seinem 17. der *Briefe, die neueste Literatur betreffend*, gedruckt; ein anderes fand sich im Nachlass. Bei dem von Lessing veröffentlichten Bruchstück, das er einem Freunde zuschrieb, griff er zum höchsten vorhandenen Maßstab und setzte es in eine Reihe mit Shakespeare. Der Hinweis auf Shakespeare war wie der auf einen englischen *Doktor Faust* Neuland, denn erst Wieland übersetzte zwischen 1762 und 1766 Shakespeares Stücke in Prosa.

17. Literaturbrief

Der *17. Literaturbrief* vom 16. Februar 1759 ist Lessings berühmter Angriff auf Gottsched, der in dem Vorwurf gipfelte, Gottsched habe die

82 Gotthold Ephraim Lessing: *Gesammelte Werke*, hrsg. von Paul Rilla, 9. Bd., Berlin: Aufbau-Verlag 1957, S. 175, teilweise auch in: Lessing: *Werke*. Ausgewählt von Karl Balser. 5. Bd., S. 299 f.

83 Kuno Fischer, Bd. 1, S. 173

deutsche Bühne zwar zu erneuern versucht, aber ihr die falsche Orientierung gegeben, indem er sie auf Frankreich lenkte. Gottsched habe dem Extemporieren (Improvisieren der Texte) wie dem Harlekin den Kampf angesagt, aber „er wollte nicht sowohl unser altes Theater verbessern als der Schöpfer eines ganz neuen sein. Und was für eines neuen? Eines französisierenden; ohne zu untersuchen, ob dieses französisierende Theater der deutschen Denkungsart angemessen sei oder nicht"[84].

Mit dem *17. Literaturbrief* beginnt die Übernahme des Faust-Stoffes in die moderne deutsche Literaturentwicklung. Er stellt auch die Brücke von Volksbuch zur englischen Literatur, von dort zu Lessing und Goethe dar. **Lessings Schritte zu dem für die Entwicklung des Faust-Stoffes in Deutschland folgenreichem Vorgang waren:**

1. Lessing wies Gottscheds Bedeutung für die Entwicklung der deutschen Dramatik zurück, weil Gottsched sie nach den Mustern der französischen Literatur zu bilden versuchte. Das ist in der Tendenz richtig, aber in der Schärfe des Angriffs zurückzuweisen, denn Lessings Arbeit für das deutsche Theater steht ganz in den Traditionen der Gottsched'schen Bemühungen.
2. Lessing konstatierte, dass „das Große, das Schreckliche, das Melancholische" im Trauerspiel besser zu den Deutschen passe als das französische „Artige, das Zärtliche, das Verliebte"[85].
3. Lessing wies auf Shakespeare als das entscheidende Vorbild hin, „denn ein Genie kann nur von einem Genie entzündet werden"[86].
4. Schließlich verwies Lessing auf einen englischen *Doktor Faust*, der eine Menge Szenen habe, „die nur ein Shakespeare'sches

84 *17. Literaturbrief*. In: Lessing: Werke. Ausgewählt von Karl Balser. 3. Bd., S. 82
85 Ebd., S. 82
86 Ebd., S. 83

Genie zu denken vermögend gewesen"[87]. Lessing kannte den Verfasser nicht; es handelte sich um Marlowes Stück bzw. seine Übertragung ins Puppenspiel. Marlowes Name wurde erst 1814 wieder bekannt. Lessing stellt den Faust-Stoff als spezifisch deutsches Stück in englischer Tradition mit besonderer Eignung zum Trauerspiel dar, vorbereitet durch ein englisches Stück, das den Stücken Shakespeares und dem deutschen *Doktor Faust* – womit Lessing das Volksbuch meinte –, ähnlich sei.

5. Daran schließt sich der Hinweis auf „einen alten Entwurf dieses Trauerspiels"[88], vorgeblich von einem Freund, tatsächlich aber von Lessing. Lessing führt in das Stück des fiktiven Freundes ein: „Faust verlangt den schnellen Geist der Hölle zu seiner Bedienung. Er macht seine Beschwörungen; es erscheinen derselben sieben; und nun fängt sich die dritte Szene des zweiten Aufzugs an."[89] Die Szene, die Lessing nun aufnimmt, entspricht der ursprünglich von Zacharias Hogel beschriebenen, wie Faust sich von den drei Dienern, die sich ihm anbieten, den Dritten aussucht, der schnell wie „der Menschen Gedanken" [90] zu sein vorgibt. Für Lessings Faust ist das der siebente der Geister, der so schnell ist wie „der Übergang vom Guten zum Bösen"[91].

Inhaltlicher Aufbau

Insgesamt liegen das **Exposé zu einem Vorspiel** und **drei Szenenentwürfe** (1. Aufzug, 1., 3. und 4. Auftritt) sowie **zwei ausgearbeitete Szenen** (1. Aufzug, 2. Auftritt und 2. Aufzug, 3. Auftritt) vor.

---

87 Ebd.
88 Ebd.
89 Ebd., S. 84
90 Vgl. Middell, 1. Bd., S. 27
91 Lessing: *Werke*. Ausgewählt von Karl Balser, 5. Bd., S. 264

Das Vorspiel: In einem alten Dom treffen sich die Teufel zum Bericht vor Beelzebub. Einer hat einen Heiligen dazu verführt, sich zu betrinken und dann einen Mord und einen Ehebruch zu begehen. Dieser Teufel nimmt es auf sich, innerhalb von 24 Stunden Faust zu verführen, der in „den Tiefen der Wahrheit" forsche: „Zu viel Wissbegierde ist ein Fehler; und aus einem Fehler können alle Laster entspringen, wenn man ihm zu sehr nachhänget."[92] Das ist weniger eine Regieanmerkung als eine konzeptionelle Grundlage. Dahinter stehen die aufklärerischen Maßgaben beim Umgang mit der Wissenschaft. Nicht Übermaß und Extreme sollten Forschung leiten, sondern Sachlichkeit und Ausgeglichenheit zwischen unterschiedlichen Zielstellungen. Lessings Faust „erinnert sich, dass ein Gelehrter den Teufel über des Aristoteles Entelechie[93] zitiert (beschworen, R. B.) haben soll"[94] (1. Aufzug, 1. Auftritt). Damit weist Lessing auf den Zusammenhang hin von Stoff und Form, Material und System, der erforscht werden muss, denn die Natur schafft nichts ohne Bedeutung. Dieser Zusammenhang bedeutet immer Ausgleich, nie Extrem. Tragik entsteht, wenn dieser Ausgleich, die Mitte aufgegeben wird. Erkenntnisstreben ist dabei durchaus ambivalent. Diese Gedanken Lessings werden in Thomas Manns *Doktor Faustus* von Zeitblom erinnert, der Aristoteles' Lehre von Stoff und Form zur Grundlage seiner Weltsicht und zum stabilisierenden Grundpfeiler seiner Persönlichkeit macht; dadurch kann er sich auch gegenüber dem teufelsbesessenen Adrian Leverkühn behaupten (vgl. S. 101 der vorliegenden Erläuterung).

Wissbegierde ist ein Fehler

92 Ebd., S. 260

93 Entelechie ist der zentrale Begriff der Philosophie des Aristoteles (384–32 v. d. Z.). Gemeint ist eine Kraft oder Fähigkeit, die in der Materie angelegt ist und die sich aktuell in der Form der Materie entfaltet: Die Entelechie der Blume ist zum Beispiel zu blühen.

94 Lessing: *Werke*. Ausgewählt von Karl Balser. 5. Bd., S. 260

Das Stück beginnt ähnlich wie später Goethes *Faust*: In seiner Studierstube ist Faust von „der scholastischen Weltweisheit"[95] (1. Aufzug, 1. Auftritt) unbefriedigt und verlegt sich deshalb auf Geisterbeschwörung. Dabei erscheint im teilweise ausgearbeiteten 2. Auftritt des 1. Aufzugs der Geist des Aristoteles, der tatsächlich aber der Teufel selbst ist, der sich im Vorspiel erboten hat, Faust zu verführen. Er antwortet Faust auf alle seine Fragen, entzieht sich dann aber wieder: „Von allem, was du mich fragtest, mag ich nicht länger reden als ein Mensch und kann nicht mit dir reden als ein Geist."[96] Bei dem 3. und 4. Auftritt des 1. Aufzugs handelt es sich um kurze Entwürfe: Der Geist verschwindet und Faust ist im Begriff, einen Dämon zu beschwören; ein Teufel erscheint und gibt sich verwundert darüber, dass ein Sterblicher ihn rufen konnte.

Geist des Aristoteles

Die völlig ausgearbeitete Szene, die Lessing in seinem *17. Literaturbrief* vorstellte, ist die 3. Szene des 2. Aufzuges: Sieben Geister rühmen sich gegenüber Faust, die schnellsten Geister der Hölle zu sein. Faust stellt sie auf die Probe, aber die ersten Geister sind ihm zu langsam. Erst der fünfte Geist, der „so schnell als die Gedanken des Menschen" ist, weckt seine Aufmerksamkeit, aber auch ihn lehnt er ab: „Aber nicht immer sind die Gedanken des Menschen schnell. Nicht da, wenn Wahrheit und Tugend sie auffordern. Wie träge sind sie alsdenn!"[97] Auch der sechste Geist, „so schnell als die Rache des Rächers", findet keine Gnade, denn Faust, der gesündigt habe, müsste schon längst von der Rache getroffen sein. Die Antwort des Geistes „Dass er dich sündigen lässt, ist schon Rache!" überzeugt Faust nicht. So ist erst der siebente Geist angemessen, er ist so schnell „als der Übergang vom

die schnellsten Geister der Hölle

95 Ebd.
96 Ebd., S. 261
97 Ebd., S. 263

Guten zum Bösen"[98]. Ihn nimmt Faust als Partner an: „So schnell als der Übergang vom Guten zum Bösen! Ja, der ist schnell; schneller ist nichts als der! – Weg von hier, ihr Schnecken des Orkus! Weg! – Als der Übergang vom Guten zum Bösen! Ich habe es erfahren, wie schnell er ist! Ich habe es erfahren!"[99] Die Wahl des schnellsten Höllengeistes ist in verschiedenen Sagen vorhanden, auch in Zacharias Hogels *Erfurter Erzählungen*, dramatisch hatte bereits das Puppenspiel damit gearbeitet. Dort war der schnellste Geist der, der so schnell wie der menschliche Gedanke war. Aus anderen Zeugnissen ist zu erschließen, dass Lessings erster Entwurf des *Faust* sich nach dem Volksbuch und dem Puppenspiel richten sollte.
Es gibt an versteckter Stelle, in den nachgelassenen *Collectaneen zur Literatur*, weitere Äußerungen Lessings über *Faust*. Dabei ging es um eine Variante, die Lessing schreiben wollte. In diesem *Faust* wollte Lessing aber ohne Teufel auskommen; ein teuflischer Mensch sollte einen Unschuldigen ins Verderben führen und der Zuschauer sollte denken: „Das hat der Satan so gefügt."[100]

Thematik und Kurzinterpretation

Lessing hat das Drama nicht vollendet, es blieb ein Fragment. Über Lessings Vorhaben sind mehrere Berichte vorhanden[101]: Maler Müller, der sich selbst intensiv mit Faust beschäftigte, bekam von Lessing den Rat, Faust „durch Reue und Buße, die Parabel vom verlorenen Sohn paraphrasierend, zu seiner Rettung" zu führen. Johann Jakob Engels berichtete 1786 vom Stückplan und stellte die Ablösung Fausts durch ein Phantom

98 Ebd., S. 264
99 Ebd.
100 Middell, 1. Bd., S. 240
101 Vgl. Middell, 1. Bd., S. 239–247

vor. Was das Phantom erlebt, träumt der wirkliche Faust. Als er erwacht, dankt er „der Vorsehung für die Warnung, die sie durch einen so lehrreichen Traum ihm hat geben wollen"[102]. Fausts Erkenntnisstreben wurde bei Lessing zum sinnvollen Charakteristikum des Menschen; eine Verdammung des Menschen um dieses Strebens willen ist – wie später bei Goethe – abwegig.

Fausts Erkenntnisstreben

Die faustische Konstellation des bürgerlichen Trauerspiels, wie Lessing sie für seinen *Faust* geplant hatte, setzte er in *Emilia Galotti* um. Die unschuldige Emilia wurde von dem mephistophelischen Menschen Marinelli erst in die Verführung, dann in den Tod getrieben.[103] Lessings Arbeit an einem *Faust*-Stück und die Umsetzung eines dämonisch teuflischen Menschen in *Emilia Galotti* war für die deutsche Literaturentwicklung von so herausragender Bedeutung, weil Lessing seit Mitte der siebziger Jahre des 18. Jahrhunderts als führender deutscher Schriftsteller galt, der für Zustimmung und Abstimmung der alles bestimmende Maßstab wurde.

Emilia Galotti

Lessing wurde mit einem weiteren *Faust*-Drama in Verbindung gebracht. 1775 erschien in Prag und München das „allegorische Drama" *Johann Faust*. Es wurde 1877 neu von Karl Engel herausgegeben, der das anonym erschienene Stück Lessing zuschrieb. Diese Hypothese wurde widerlegt, dennoch bekam das Stück dadurch Aufmerksamkeit. Der Verfasser dieses ersten deutschen Kunstdramas[104] ***Johann Faust*** war **Paul Weidmann** (1748–1801), ein österreichischer Beamter und Vielschreiber (mehr als 65 Dramen)[105]. Das literarisch bedeutungslose Stück

102 Middell, 1. Bd., S. 247

103 Vgl. Rüdiger Bernhardt: *Gotthold Ephraim Lessing. Emilia Galotti.* Königs Erläuterungen und Materialien, Bd. 16. Hollfeld: C. Bange Verlag, 2007, 6. Auflage, S. 50 f.

104 Vgl. Kurt Adel: *Faust, der verlorene Sohn des Barockzeitalters. Untersuchungen zu ‚Johann Faust' von Weidmann.* In: Jahrbuch des Wiener Goethe-Vereins. Neue Folge 67 (1963), S. 40–65

105 Vgl. Paul Weidmann: *Johann Faust* (1775), Akt V. In: Middell, 1. Bd., S. 248 ff.

bot durch seine zahlreichen originellen Vorgänge und Motive nachfolgenden Dichtern manche Anregung. – Das Stück handelt in den letzten Tagen von Fausts Vertrag mit dem Teufel. Fausts Vertrauter Ithuriel, ein guter Geist, will ihn retten und versucht ihn zu bekehren. Dazu bringt er Fausts Eltern herbei und verbündet sich mit ihnen. Das Unternehmen misslingt, weil Helena – Fausts Geliebte und seine Gegnerin – erscheint und sich und ihren Sohn Eduard vor den Augen Fausts töten will, wenn er sie verlassen sollte. Mephisto verspricht Helena, sie zu retten, wenn sie Faust ermordet. Schließlich sterben alle: Helena ermordet Fausts Eltern, Faust nimmt Gift, Helena tötet sich selbst. Mephisto triumphiert: „Hölle, blick herauf! Gefährten, seht – welch ein herrlicher Sieg! Ich habe die Geschöpfe unseres Feindes vernichtet!"[106] Doch ist das nicht das Ende: Ithuriel erscheint „in einer glänzenden Gestalt, mit einem güldenen Schilde und einem blitzenden Schwerte. Sein Gefolge ist prächtig und schimmernd. Die Tracht gleicht den alten Helden."[107] Er verkündet, dass die Sünder gerichtet sind, „aber die unendliche Barmherzigkeit hat ihre Laster weit überwogen! – Frevler, zittert und betet an seine gerechten Urteile! – Er nimmt die Reuigen in seinen väterlichen Schoß auf und stürzt euch verfluchte Verführer in eine ewige Hölle."[108] Erstmals wurde Erlösung Fausts auch bühnenwirksam. Besonders in Süddeutschland war das Drama erfolgreich.

106 Middell, 1. Bd., S. 254
107 Middell, 1. Bd., S. 254
108 Zit. bei Warkentin, S. 5, Abdruck in Middell, 1. Bd., S. 254

3.4 Friedrich Maximilian Klinger: *Fausts Leben, Taten und Höllenfahrt*[109]

Zeitgeschichtlicher Bezugsrahmen

Friedrich Maximilian Klinger (1752–1831), Sohn eines Schneiders, späteren Soldaten, hatte 1776 das Drama *Wirrwarr* geschrieben, dem Christoph Kaufmann – Mediziner, Reformpädagoge und Genieapostel mit faustischen Zügen – den Titel *Sturm und Drang* gab.

Sturm und Drang

Daraus entstand die Bezeichnung für eine literarische und politische Bewegung, die sich als eine gesteigerte Aufklärung entschieden gegen die feudalistischen Machtstrukturen und sozialen Verhältnisse engagierte. Ihre Vertreter waren oft bäuerlich-plebejischer Herkunft wie auch Klinger. 1780 wurde Klinger als Vorleser des russischen Großfürsten und Thronfolgers Paul, des späteren Zaren Paul I., nach St. Petersburg berufen und erhielt gleichzeitig ein Patent als Offizier in russischen Diensten, durchlief eine steile militärische Karriere und wurde geadelt. Er war in eines der feudalistischsten Herrschaftssysteme Europas integriert. Gleichzeitig blieb er der deutschen Literatur verbunden und wirkte in ihr als einer der schärfsten Kritiker an der feudalen Ordnung. Am *Faust*-Roman arbeitete Klinger **1790/91**, wahrscheinlich wesentlich angeregt durch Goethes *Faust. Ein Fragment*. Klingers *Faust* ist der erste Roman in einem aus zehn Romanen bestehenden Zyklus – acht und ein Teil des zehnten sind erschienen, der neunte verschollen –, der die „aus Erfahrung und Nachdenken entsprungene Denkungsart über die natürlichen und erkünstelten Verhältnisse des Menschen enthalten, dessen ganzes moralisches Sein umfassen und

109 Nach folgender Ausgabe wird zitiert: Friedrich Maximilian Klinger: *Fausts Leben, Taten und Höllenfahrt*. Anmerkungen von Esther Schöler. Nachwort von Uwe Heldt. Stuttgart: Reclam, bibliographisch ergänzte Ausgabe 1998 (Universal-Bibliothek Nr. 3524).

alle wichtigen Seiten desselben berühren"[110] sollte. Das hieß, aufklärerische Positionen im Sturm und Drang fortzusetzen und darüber hinaus die Erfahrungen der Französischen Revolution einzubeziehen. Fast mit Lessings Worten stellte Klinger seinen Faust in den Widerspruch zwischen „seinem scholastischen Jahrhundert" und dem „hellphilosophischen" (S. 197) Jahrhundert der Gegenwart, sah Faust auf dem Wege, „ein Philosoph wie Voltaire zu werden" (S. 197). Das führte dazu, die Faust-Fabel für entschiedene Sozialkritik zu nutzen und Fausts Untergang durch die überholten sozialen Verhältnisse zu erklären, die seinen Absichten und seiner Tätigkeit keine entsprechende soziale Basis gaben, so dass er vereinsamte. Der **ersten Ausgabe von 1791**, wegen der Zensur erschien statt Leipzig verschleiernd als Verlagsort St. Petersburg, **folgte eine zweite 1794, die wesentlich erweitert war**. Sie wiederum wurde 1799 nochmals veröffentlicht und 1815 in einer „neuen verbesserten und vermehrten Ausgabe" erstmals unter Klingers Namen veröffentlicht; alle früheren Ausgaben waren anonym erschienen. Dieser Kommentar geht von der Ausgabe 1794 aus.

Erfahrungen der Französischen Revolution

Der Roman gehört zu Klingers Spätwerk. In dem lehrhaft gedachten Romanzyklus, der im Verständnis des Autors aus philosophischen Romanen bestand, geht Klinger dem Widerspruch von Ideal und Wirklichkeit nach, den er geschichtlichen Vorgängen auflegt. Dabei werden die Geschichtsprozesse aus der Perspektive aufklärerischen Denkens – im Sinn Rousseaus und Voltaires, auf die sich Klingers Erzähler beruft

Widerspruch von Ideal und Wirklichkeit

110 Friedrich Maximilian Klinger: *Vorrede* (im dritten Band, 1815, der Gesamtausgabe *Werke*, 1809–1816). Zit. in Friedrich Maximilian Klinger: *Fausts Leben, Taten und Höllenfahrt*. Berlin: Aufbau-Berlin, 1958, S. 259. Der Roman in der 2. Auflage von 1794 ist auch enthalten in Friedrich Maximilian Klinger: *Werke*. Ausgewählt von Hans Jürgen Geerdts. Weimar: Volksverlag, 1958, 2. Bd.

(S. 197) – betrachtet. Im *Faust*-Roman werden um die Erfindung des Buchdrucks Klingers Ansichten über Wissenschaft und Religion, Moral und Verbrechen, Gott und Menschen, Politik und Kunst ausgebreitet. Abgeleitet wurde daraus Fausts „Lebensplan", „durch Forschen und Nachdenken über Gott, die Welt und die Menschen die Rätsel endlich zu enthüllen, von welchen er glaubte, sie seien dem Menschen nur darum in den Weg geworfen, seinen moralischen Zustand so unglücklich zu machen als seinen physischen" (S. 196). Dass Klinger dem Stoff ein Kompendium des zeitgenössischen Wissens auflegen konnte, hing mit seiner umfangreichen Bildung, seinen vielfältigen Reisen – unter anderem mit dem Großfürsten Paul durch Europa – und seinen politischen Erfahrungen, die im Widerspruch zu den literarischen Programmen standen, zusammen. Die Grundtendenz des Romans, wie auch der ihn flankierenden Romane (*Geschichte Raphaels de Aquillas, Geschichte Giafars des Barmeciden*), ist die **erschreckende Erkenntnis, dass das Gute und Edle zum Untergang verurteilt ist, das Böse und Zerstörende dagegen siegt**. Im Kampf um die Veränderung dieser Konstellation unterliegt auch Klingers Faust.

Kompendium des zeitgenössischen Wissens

Klingers Roman ist unter den *Faust*-Variationen des 18. und 19. Jahrhunderts der politisch schärfste Angriff auf die gesellschaftlichen Verhältnisse in Deutschland und auf eine zum Untergang verurteilte feudale Staatsform. In der Hölle lässt Klingers Erzähler einen „elenden Schatten" die Vorzüge der deutschen Verfassung von 1791 vortragen und feststellen: „… auf Erden glänzt das Feudalsystem, das Meisterstück der Gewalt und des menschlichen Verstandes, in seiner ganzen Pracht" (S. 35 f.) in Deutschland. Satirischer konnte man die deutschen Verhältnisse nicht beschreiben. Klinger machte aus den Absichten seines Romans kein Hehl, auch dann nicht als er zum

Angriff auf die gesellschaftlichen Verhältnisse

General avanciert war, und schrieb am 26. Mai 1814 über die Konzeption des *Faust*-Romans an Goethe:

> *„Schon sehr frühe machten die meinem inneren Sinn widersprechenden Erscheinungen der um mich wirkenden moralischen und politischen Welt einen düsteren Eindruck auf mich. ... So ward ich von der inneren Unruhe gewaltsam darauf gestoßen, den Ursachen dieser Übel, mit welchen die Menschen von den obern und niedern Gewalten notwendig und willkürlich geistig und physisch geplagt werden, nachzuforschen ... Ich fing gleich mit dem Faust an und stellte in demselben das Thema so auf, wie es mich in den düstersten Stunden der Vergangenheit geplagt hatte. Und so geht es natürlich wild, leidenschaftlich, gewaltsam darinnen her, wie es auf einem Kampfplatze hergehen musste, worauf sich ein kraftvoller Geist, durch das ihn Empörende aufgeregt, aus innerm Grimm schlägt."*[111]

Inhaltlicher Aufbau

Ein Motto von John Wilmot Rochester (1648–1680) eröffnet den Text. Rochester war ein scharfzüngiger englischer Satiriker, welt- und kriegserfahren, sozialkritisch und exzentrisch, auch einer der größten Lebenskünstler und -genießer am Hofe des englischen Königs Charles' II. Der Hinweis auf Rochester legt den Vergleich mit Klinger nahe; beide dienten feudalen Systemen, die sie gleichzeitig scharf angriffen. Das Motto gibt den Grundcharakter des Romans an: „All das habe ich mit Empörung / dem anmaßenden Teil der stolzen Welt entgegengeschleudert, / der, angeschwollen von selbstsüchtiger Eitelkeit, / falsche Freiheiten, heiligen Betrug und ausdrückliche Lügen ersinnt, / um über seine Mitskla-

Motto

111 Friedrich Maximilian Klinger: *Werke*. Ausgewählt von Hans Jürgen Geerdts. Weimar: Volksverlag, 1958, 1. Bd., S. 26

ven eine grausame Herrschaft zu üben." (S. 5, S. 234; hier eigene Übersetzung) In *Vorreden* weist Klinger 1791 darauf hin, dass sein Faust ein eigenständiges Werk sei, in dem er von anderen Dichtungen „nichts genutzt, noch nutzen" (S. 7) habe wollen. Klingers Roman ist tatsächlich eine völlig eigene Schöpfung und auch in seiner scharfen Satire einzigartig innerhalb der *Faust*-Gestaltungen. In der *Vorrede zur zweiten Auflage* von 1794 stellte er den Zusammenhang zwischen seinen Romangestalten „*Faust, Raphael* und *Giafar*" (S. 7) her. Klingers *Faust* weist zahlreiche Bezüge zur unmittelbaren Gegenwart aus, lässt aber die Handlung zur Zeit der Erfindung des Buchdrucks spielen. Aktualität im anachronistischen historischen Gewand ist ein typisches Merkmal der Handlung.

zahlreiche Bezüge zur unmittelbaren Gegenwart

Im **1. Buch** ist der von der Theologie enttäuschte Faust zur Magie gewechselt und hat dabei den Buchdruck erfunden. Auch hat er „durch Forschen und Zufall die furchtbare Formel, den Teufel aus der Hölle zu rufen" (S. 9), entdeckt. Getrieben von Verzweiflung, Wissensdrang und angestrebten Genuss beschwört er den Teufel. Satan hofft durch Fausts Erfindung des Buchdrucks Unterstützung für die teuflischen Ziele - er beordert den Teufel Leviathan zu Faust: „Er sehe Böses aus Gutem entspringen, das Laster gekrönt, Gerechtigkeit und Unschuld mit Füßen getreten, wie es der Menschen Art ist." (S. 32) Leviathan ist im Alten Testament der Name eines Seeungeheuers, später eines Krokodils (Hiob 40, 25–41) und schließlich in jüdischen und christlichen Sagen ein dämonisches Ungetüm. Zwischen Leviathan und Faust entwickelt sich ein szenischer Dialog; mehrfach sind szenische Teile in den Roman eingefügt. Im Verlauf des Dialoges bietet Leviathan seine Hilfe an, fordert aber dafür von Faust: „Ein Ding aus dir gemacht zu haben, das mir gleicht, wenn du die Kraft dazu hast." (S. 45) Fausts Forderung ist: „Ich will des Menschen Bestimmung erfahren, die Ur-

sach des moralischen Übels in der Welt. Ich will wissen, warum der Gerechte leidet und der Lasterhafte glücklich ist." (S. 46)
Zu Beginn des **2. Buchs** erscheint Leviathan als großer Herr und erbittet Fausts Begleitung; der Bürgermeister von Frankfurt sieht dadurch in Faust einen kaiserlichen Abgesandten, den man für sich einnehmen müsse. Bei einem Gastmahl fällt Faust die Bürgermeisterin, „eine Leipzigerin" (S. 62), sofort auf. Leviathan verspricht dem Bürgermeister einen Adelsbrief, wenn seine Frau mit Faust schlafe. Das geschieht und Faust „raste an ihrem schwellenden Busen seine Glut aus" (S. 65). Im **3. Buch** sieht Faust größeres Elend. An der Fulda trifft er auf eine Bäuerin und ihre Kinder, deren Mann durch den Fürstbischof ruiniert worden ist und der sich daraufhin das Leben genommen hat. Faust versucht Gerechtigkeit herzustellen und erreicht stets das Gegenteil. Er muss sich vom Teufel sagen lassen: „Hättet ihr unsre Macht, längst würdet ihr die Welt zertrümmert und zum Chaos gemacht haben. Beweisest du es nicht, da du deine Herrschaft über mich so unsinnig missbrauchst?" (S. 117) – Faust und Leviathan treffen auf einen schwärmerischen Mönch, der sich der Physiognomie verschrieben hat „und sein Inneres durch sein Äußeres zu bestimmen" (S. 126) versucht. Er wendet sein Verfahren nicht nur auf Menschen, sondern auch auf Tiere an: Klinger erreichte einen Höhepunkt seiner Satire von Lavaters Physiognomie, denn der Mönch kann nachweisen, „warum der Löwe kein Hase und der Hase kein Löwe sei" (S. 127).
Das **4. Buch** führt von der kleinen deutschen in die große Welt. Im **5. Buch**[112] flieht Faust nach Deutschland. An der Grenze Italiens träumt er vom „Genius der Menschheit" (S. 197), dessen Bauwerke von Gewalt, Aberglauben und Schwärmerei bedroht werden. – An der Straße nach Worms sieht Faust seinen ältesten Sohn an einem Galgen hängen. Der Teufel erklärt Faust, dass er auch an diesem Tod schuld sei. In dem Maße, in dem Faust

112 Das 5. Buch in der Fassung von 1791 findet sich bei Middell, 1. Bd., S. 350 ff.

als Rächer in das Schicksal eingegriffen habe, in dem Maße sei er selbst schuldig geworden. Fausts Tochter ist Prostituierte geworden, der zweite Sohn ist moralisch verkommen. Fausts Weib und die zwei jüngsten Kinder betteln „mit Lumpen bedeckt" (S. 205). Der Teufel wirft Faust vor, sich nicht um sie gekümmert zu haben, und macht dann Fausts Lebensrechnung auf, die verheerend ausfällt. **Selbst Fausts reinste Absichten schlugen in das Gegenteil, in Vernichtung um**: Faust hat Kannibalismus und Wahnsinn, Halunken und Säufer entwickelt, hat hunderte von Familien zerstört. Er hat unschuldige Frauen zu vermeintlichen Kindermörderinnen oder Huren gemacht, aus denen Mätressen wurden, die Elend über die Länder brachten: „So hast du, wohin du dich wandtest, den Samen des Unglücks ausgestreut, und er fruchtet zum Unheil die Ewigkeit durch." (S. 211 f.) Leviathan zerreißt Fausts Körper, „streute den Rumpf und die blutenden Glieder mit Ekel und Unwillen auf das Feld und fuhr mit seiner Seele zur Hölle." (S. 220)

Thematik und Kurzinterpretation

„Klinger hat dem Faust-Motiv wirklich eine eigene Variante abgewonnen. Er verknüpfte es mit dem Sozialen und schrieb einen politischen Roman ... Dabei löst er sich bald von den traditionellen Requisiten der Faust-Sage, degradiert sie künstlerisch sogar auf die spärliche Funktion der Fabel und macht sie mehr und mehr zum bloßen Demonstrationsobjekt."[113] Dieser Faust will weder Wunder vollbringen noch Zauberei beherrschen. Er will Einsichten in die soziale Ordnung der Welt bekommen. Das ist ein ausgeprägt revolutionärer Standpunkt nach 1789, von dem aus Klinger die Französische Revolution reflektiert.

ausgeprägt revolutionärer Standpunkt

113 Gotthard Erler: *Nachwort*. In: Friedrich Maximilian Klinger: *Fausts Leben, Taten und Höllenfahrt*. Berlin: Aufbau-Berlin, 1958, S. 263

Gleichzeitig zeigt er die Grenzen dieser Revolution: Die durch Leviathan vermittelten Erlebnisse erschüttern Faust und lösen einen ungeheuren Gerechtigkeitsdruck bei ihm aus; er will die Erniedrigten und Unterdrückten an ihren Peinigern rächen. Mit Leviathans Hilfe bestraft er die Ungerechtigkeiten, will Verbrechen sühnen und begeht dabei selbst Verbrechen, schafft neue Ungerechtigkeiten und wird schuldig. Sein entscheidender Fehler wird ihm kurz vor seinem Ende von Leviathan erklärt: Er habe sein Menschenbild, das er zum Maßstab seiner Moralvorstellungen machte, von der „Maske der Gesellschaft" (S. 207) genommen, von den herrschenden Schichten, „an die Höfe, in die Paläste hast du dich gedrängt" (S. 207). An den „Hütte(n) des Armen und Bescheidnen" (S. 207) sei er vorübergegangen, nur dort herrsche aber wahre „Kraft der Seele und Tugend" (S. 207). Klinger betonte in Anmerkungen, es handle sich um Ereignisse vom Ende des 15. Jahrhunderts, keinesfalls um Zeitgenössisches. Gerade dadurch wird auf die **Gegenwart** verwiesen. Eindeutige Anspielungen berühren das Umfeld der Französischen Revolution: Wenn die „muntern Franzosen" (S. 14) in den rheinischen Bistümern nach den „Rechten der Menschheit" suchen, ist die Anspielung auf die berühmte *Erklärung der Rechte des Menschen und des Bürgers* (*Déclaration des droits de l'homme et du citoyen,* 1789) deutlich; Satan nennt Bücher „das gefährliche Spielzeug der Menschen" (S. 22) und bedient sich dabei einer These Rousseaus, die der in der *Abhandlung über die Wissenschaften und die Künste* (*Discours sur les Sciences et les Arts,* 1750) vertreten hatte: Bildung führe den Menschen von der Natur weg. – Hinter dem „junge(n) Mönch" (S. 126), der „physiognomisch zu zergliedern" (S. 126) beginnt, verbirgt sich Johann Kaspar Lavater (1741–1801), der in seinen *Physiognomischen Fragmenten* (1774–1778) aus Profil und Gesichtsbildung auf den Charakter des Menschen zu schließen versuchte.

Anspielungen

Die Romane *Geschichte Raphaels de Aquillas* und *Geschichte Giafars des Barmeciden* bezeichnete Klinger nachdrücklich als Seitenstücke seines *Faust*-Romans.[114] Dabei herrscht zwischen diesen Romanen ein dialektisches Verhältnis, das Untergang und Erhebung konfrontiert. Zwar tritt in ihnen kein Faust auf, aber die Rigorosität der Auseinandersetzungen erinnert an die Vernichtungen im *Faust*-Roman: Die *Geschichte Raphaels* (1793) beschreibt den Untergang eines edlen Spaniers, der die Partei der Mauren ergreift, gar ihr Anführer wird - ihre Vertreibung aus Spanien wird als schreckliche „Kultur" verstanden - und eine Gemeinschaft „unter den Flügeln der Natur" gründet, aber schließlich vom Großinquisitor erstochen wird; die Inquisition tritt an die Stelle des Teufels, Raphael an die Fausts. Gleichzeitig stehen die beiden Kräfte für Kultur und Natur im Sinne Rousseaus. Die *Geschichte Giafars* (1792) erzählt ein ähnliches Schicksal unter den Bedingungen des orientalischen Despotismus. Giafar ist ein Barmekid. Im 8. Jahrhundert, einer literarisch und politisch bedeutenden Epoche, hatte das Geschlecht der Barmekiden großen Einfluss als „Staatsdiener" in Bagdad. Sie schützten die „Tempel des reinen Feuers" und die großen „Klöster dieses Bekenntnisses" (Goethe, BA 3, 178). Die ganze Welt erscheint, wie Klinger es selbst beschrieb, „nur als ein ungeheures, von Blut triefendes, von Brüllen und Gestöhn erschallendes Schlachthaus, wo ein unersättlicher Dämon herumwütet und herumwürgt und nur der Dampf der Vernichtung in seine Nase steigt"[115]. Für Klinger waren die Dämonen in dem Roman „zwei von uns selbst geschaffene und feist genährte Dämonen"[116]: die Politik der Herrscher und eine alles zerschmetternde Religion. Der Unterschied zwischen dem *Faust*-Roman und den beiden

114 Innerhalb der historisch-kritischen Gesamtausgabe von F. M. Klinger: *Werke*, Tübingen: Niemeyer Verlag, sind die Romane als Band 11 (*Faust*, 1987), Band 12 (*Giafar*, 2004) und Band 13 (*Raphael*, 1990) erschienen.

115 Zit. bei Hettner, Bd. 2, S. 602

116 Hettner, ebd.

anderen Romanen und damit ihre innere Beziehung besteht darin, dass Faust an den zerstörenden und moralisch verkommenen Verhältnissen der Gesellschaft scheitert und, je mehr er verändern will, desto tiefer in dem Sumpf versinkt, Raphael und Giafar sich den Dämonen aber widersetzen, sich so von Verbrechen und Verfall freihalten können und Menschlichkeit und Würde bewahren, auch im Tod. Klinger hat den Zusammenhang der drei Romane in der *Vorrede* zu *Giafar* so beschrieben:

> *„Faust scheitert ... an den Übeln und Gebrechen der Gesellschaft ... Raphael sucht sie zu heilen, erträgt die Übel, die ihn selbst treffen, durch die moralische Reinheit und Güte seines Herzens, durch Resignation, deren Quelle immer der Fatalismus war und ist ... Giafar tut dasselbe durch die Stärke der Vernunft, durch feste Anerkennung ihres allgemein verpflichtenden moralischen Gesetzes, gegründet auf die Freiheit und die Reinheit des Willens."*[117]

Klinger war bewusst, dass sein *Faust*-Roman die Wunden der Zeit aufriss und deshalb „großen Lärm machen (würde), durch Inhalt und Originalität, durch Laune und Geißelhiebe" (Brief an Ernst Schleiermacher vom 24. März 1791)[118]. Deshalb verstärkte er auch die antifeudale Tendenz in der Überarbeitung von 1794. Klingers *Faust*-Roman war außergewöhnlich erfolgreich und folgenreich; er zog Dramatisierungen, Variationen und vielfältige Weiterführungen nach sich.

antifeudale Tendenz

1797 erschien eine weitere *Faust*-Variation von Klinger: *Der Faust der Morgenländer*.[119] Faust heißt nun Abdallah; ein Magus aus

117 Friedrich Maximilian Klinger: *Fausts Leben, Taten und Höllenfahrt*. Berlin: Aufbau-Berlin, 1958, S. 243 (Anm. zu S. 213)

118 Vgl. Friedrich Maximilian Klinger: *Werke*. Ausgewählt von Hans Jürgen Geerdts. Weimar: Volksverlag, 1958, 1. Bd., S. 28

119 Der 2. Abend von Klingers *Der Faust der Morgenländer*, Vorgänge in Gesprächsform und erinnernd an *Tausendundeine Nacht*, ist abgedruckt in Middell, 1. Bd., S. 386 ff.

Ägypten bringt ihn mit höllischen Kräften in Verbindung. Der Geist, der erscheint und einst am Hofe König Salomos diente, verkörpert „Untrüglichkeit, Schnelligkeit der Gedanken, eiserne, mitleidslose Kraft, eiskalte Klugheit, Unbestechlichkeit"[120], nur die Tugend lehnt er ab. Insofern ist er ungeeignet für Abdallah, der „nur das Gute, das Glück der Menschen" will.

120 Middell, 1. Bd., S. 398

3.5 Johann Wolfgang von Goethe: *Urfaust*[121]

Zeitgeschichtlicher Bezugsrahmen

Urfaust, auch „frühe Fassung" genannt, ist der älteste bekannte Textbestand von Goethes *Faust*. Bis heute wird diskutiert, ob es einen noch früheren Stand gegeben hat, von dem es keine Zeugnisse gibt. ***Urfaust* ist in den siebziger Jahren des 18. Jahrhunderts entstanden.** Eine Handschrift Goethes ist nicht überliefert, das Werk blieb durch einen Zufall erhalten: Das Hoffräulein Luise von Göchhausen (1747–1807) kopierte den *Urfaust* etwa 1778 in der ihr vorliegenden Form, die möglicherweise die Kürzung eines umfangreicheren Konvolutes gewesen ist; in ihrem Nachlass wurde der Text 1887 gefunden und unter dem Titel *Goethes Faust in ursprünglicher Gestalt nach der Göchhausenschen Abschrift* veröffentlicht. Die Abschrift ist nach genauer Prüfung „mit großer Sorgfalt"[122] geleistet worden. Von Goethe sind nur Bruchstücke im Original erhalten geblieben. –

Luise von Göchhausen

Bearbeitungen und Variationen des *Faust*-Puppenspiels sind nachgewiesen; viele davon entstanden erst nach 1800. Die älteste Marionettendarstellung, die bekannt ist, fand 1666 in Lüneburg statt. Die Fassungen waren unterschiedlich, geprägt von ihrer katholischen oder protestantischen Umgebung. Goethe ist einer dieser Fassungen wahrscheinlich 1770 in Straßburg begegnet, das Puppenspiel kannte er schon aus der Kindheit. In *Wilhelm Meisters theatralischer Sendung* wird eingangs beschrieben, wie eine Großmutter ihren Enkeln Marionetten als Geschenk vorbereitet, damit sie Theater spielen können; ihren Sohn erin-

---

121 Nach folgender Ausgabe wird zitiert: Goethe: *Urfaust*. Mit einem Nachwort von Robert Petsch. Stuttgart: Reclam, neu durchgesehene Ausgabe 1987.

122 Heinz Hamm: *Goethes ‚Faust'*. Werkgeschichte und Textanalyse. Berlin: Volk und Wissen, 1978, S. 17 (Neubearbeitung 1997)

nert sie: „... ihr habt mich um manchen Batzen gebracht, um den Doktor Faust und das Mohrenballett zu sehen" (vgl. Goethe, BA Bd. 9, S. 268). Goethe nahm eigene Erlebnisse in den Roman auf.

eigene Erlebnisse

Während der Studien in Leipzig 1765 hat Goethe in Auerbachs Keller, wo er verkehrte, die Wandmalereien zur Geschichte Fausts gesehen. *Auerbachs Keller in Leipzig* dürfte zu den frühesten Szenen des *Urfaust* (V. 445 ff.) gehören. Im 10. Buch von *Aus meinem Leben. Dichtung und Wahrheit* beschrieb Goethe, wie er während der Studienzeit 1770/71 in Straßburg sein Interesse am Faust-Stoff vor Herder verborgen hielt. Die Fabel habe sich bei ihm bereits „eingewurzelt" gehabt und „die bedeutende Puppenspielfabel" habe „gar vieltönig" in ihm widergeklungen (Goethe, BA 13, S. 446). Er bezog die Faust-Fabel auf sich, erweiterte sie und hat ihr seinen Erkenntnisdrang eingeschrieben: „Auch ich hatte mich in allem Wissen umhergetrieben und war früh genug auf die Eitelkeit desselben hingewiesen worden. Ich hatte es auch im Leben auf allerlei Weise versucht und war immer unbefriedigter und gequälter zurückgekommen." (Goethe, BA 13, 446) Dass Goethe das Volksbuch kannte, darf angenommen werden, ist aber erst für das Volksbuch Pfizners für 1801 belegt. In der Straßburger Zeit las Goethe nach eigener Aussage mystisch-kabbalistische Schriften und Gottfried Arnolds *Unparteiische Kirchen- und Ketzerhistorie*, beschäftigte sich mit Paracelsus und Agrippa von Nettesheim u. a. Durch Arnold bekam er von Ketzern, „die man mir bisher als toll oder gottlos vorgestellt hatte, einen vorteilhaften Begriff" (Goethe, BA 13, 379). Faust dürfte dabei gewesen sein. Überlegungen zum *Urfaust* können deshalb während des Straßburger Aufenthaltes angenommen werden. Der *Urfaust* stand für Goethe im Banne des Sturm und Drang, der Volksdichtung und eines weiträumigen revolutionären Naturbegriffs im Sinne Rousseaus. Die Rückkehr nach Frankfurt brachte Abstand, auch von der Liebe und der Trennung von

Friederike Brion und wahrscheinlich kam so zur Faust'schen Gelehrtenhandlung die Gretchenhandlung, verstärkt durch Goethes Wissen um die Kindesmörderin Susanna Margaretha Brandt, die im Oktober 1771 zum Tode verurteilt und am 14. Januar 1772 hingerichtet wurde. Die Goethe-Forschung nimmt an, dass der *Urfaust* zu großen Teilen **zwischen 1773 und 1775 entstanden** ist. Freunde Goethes (Gotter, Boie, Knebel) kannten in der Zeit zwischen 1773 und 1775 Szenen eines fast fertigen *Doktor Faust*. Nach seiner Ankunft in Weimar las Goethe daraus vor, geschrieben hat er in den ersten zehn Jahren in Weimar nichts am *Faust*. Immerhin war das Interesse der Hofgesellschaft so groß, dass Luise von Göchhausen den Text abschrieb. Eine Wirkung des *Urfaust* hat es nicht geben können, abgesehen von den Berichten der Freunde aus dem ersten Weimarer Jahrzehnt.

Inhaltlicher Aufbau

Der Text beginnt mit dem Monolog Heinrich Fausts „in einem hochgewölbten engen gotischen Zimmer" (vor V. 1). Der Vorname Heinrich wurde von Goethe vermutlich von Agrippa von Nettesheim (1485–1535), der eigentlich Heinrich Cornelius hieß, bezogen. Enttäuscht von den Wissenschaften sucht Faust die Verbindung zu den Geistern. Es ist jedoch eine Enttäuschung, die nicht nur einzelnen Wissenschaftsdisziplinen gilt, sondern einem Denksystem: Faust fühlt keine Befriedigung mehr in dem begrenzten Leben christlichen Denkens. Das führt zum Gegensatz von scholastischem Wissen („in Worten kramen", V. 32) und der weltzugewandten Anschauung („Schau alle Würkungskrafft und Saamen", V. 31), zum Gegensatz von Un-Natur und Natur, „Tiergeripp und Todtenbein" statt „all der lebenden Natur" (V. 61 ff.). Damit ist die Entwicklung des jungen Goethe umrissen, die einerseits typisch für die Stürmer und Dränger war, andererseits den

Entwicklung des jungen Goethe

Übergang bedeutete von einer streng religiösen Erziehung, in der die von Gott geschaffene Welt unter der Erbsünde leidet, zu einer Weltsicht, in der alles Irdische Ausdruck des Göttlichen ist, also Mensch und Wirklichkeit Gott in sich tragen. – Die Rückschau Fausts auf das bisher Erreichte, das mit den vorhandenen Mitteln nicht mehr überboten werden kann, führt zur Einsicht, dass es so nicht mehr weitergehen kann: „Es mögt kein Hund so länger leben" (V. 23). Es fehlen Faust die konstituierenden Elemente solider Bürgerlichkeit: „Auch hab ich weder Gut noch Geld / Noch Ehr und Herrlichkeit der Welt." (V. 21 f.) Ein „geheimnissvolle(s) Buch / Von Nostradamus eigner Hand" (V. 66 f.) soll Faust helfen, einen anderen Gott zu finden oder sich selbst zum Gott zu setzen: „Bin ich ein Gott? Mir wird so licht!" (V. 86). Doch als er den Erdgeist beschwört, muss sich Faust sagen lassen, dass er nicht diesem Geiste gleiche, sondern dem Geist, „den du begreiffst" (V. 159). Fausts Famulus Wagner hat die Beschwörungen für Deklamationen gehalten und nutzt die Gelegenheit zu einem Gespräch; er verwickelt Faust in ein Ethik- und Kunstgespräch – eingeleitet durch den Hinweis auf „ein griechisch Trauerspiel" (V. 170) –, das dieser unwillig und ironisch führt. Während Wagner aufklärerisch pädagogische Positionen vertritt, konzentriert auf die Erziehung des Menschen, ist Faust der aufbegehrende spinozistisch denkende Stürmer und Dränger und gehört zu den „wenigen, die was davon erkannt" und „ihr Schauen offenbaarten" (V. 237 ff.). Dafür mussten diese Menschen in der Vergangenheit auch leiden und wurden „gekreuzigt und verbrannt" (V. 240); es waren die Ketzer und Teufelsbündler.

der aufbegehrende spinozistisch denkende Stürmer und Dränger

In der Studentenszene belehrt Mephistopheles, in der Tracht eines Professors mit Schlafrock und Perücke, so wie Goethe einst Gottsched in Leipzig getroffen hatte (Goethe, BA 13, 291), einen Studenten. Wie Mephisto ins Haus gekommen ist und welche Rolle er dort spielt, erfährt man nicht. Der Teufelspakt ist bereits geschlossen, ohne dass ein Wort darüber verloren worden wäre. Mephisto beschreibt dem Studenten eine Universität, die in den Fesseln der Scholastik gefangen ist und die Studenten lehrt, „alles (zu) reduziren / Und gehörig (zu) klassifiziren" (V. 375 f.). Befragt nach den Besonderheiten der Medizin, empfiehlt Mephisto – hier ganz Spinozist – dem Studenten, alles durchzustudieren, „um es am Ende gehn zu lassen, / Wie's Gott gefällt" (V. 407 f.); systematisierte scholastische Un-Natur ist der Gegensatz zur göttlichen Natur. – Mit Mephisto reist Faust nach Leipzig und besucht Auerbachs Keller; die Auseinandersetzung mit dem universitären Leben wird fortgesetzt. Mephisto zaubert verschiedene Weine aus dem Tisch und verwickelt die Studenten schließlich in eine Schlägerei untereinander.

Die Szene *Landstraße* (V. 453 ff.), die den ersten Schritt Fausts in die Natur bringt und in der Mephistos Unbehagen vor dem Kreuz mitgeteilt wird, findet sich nur im *Urfaust*. Sie leitet die Gretchenhandlung, zwei Drittel des *Urfaust* umfassend, ein. Drei Attribute nennt sie: Kreuz, Schloss, Bauernhütte. Das soziale Umfeld der folgenden Handlung wird signalisiert: Im Zeichen des Kreuzes begegnet Gretchen, von der Beichte kommend, erstmals Faust (V. 457 ff.), der sie in höheren Kreisen (Schloss!) vermutet und sie deshalb mit „Fräulein" anspricht, was nur für unverheiratete adlige Frauen galt; Mädchen aus dem Bürgertum oder niederen Schichten (Bauernhütte!, als „Hütte" Gretchens Lebensbereich, V. 560) wurden mit „Jungfer" angesprochen. Deshalb lehnt Gretchen die Anrede „Fräulein" ab.

Gretchenhandlung

Die Szene war zu Lebzeiten Goethes bekannt, Heinrich Heine zitierte sie in *Die Nordsee, Dritte Abteilung* (1826) und berief sich dabei auf Karl Philipp Moritz.[123] An die Stelle dieser Szene tritt

123 Vgl. Heinrich Heine: *Die Nordsee. Dritte Abteilung*. In: Ders.: Sämtliche Schriften, hrsg. von Klaus Briegleb, 2. Bd., München: dtv, 2005, S. 218

seit *Faust. Ein Fragment* (1790) die umfangreiche *Hexenküche*. Auch sie bereitet die Gretchenhandlung vor, allerdings nicht unter sozialen Gesichtspunkten, sondern unter biologischen: Faust wird durch einen Zaubertrank verjüngt für die Frau, die Mephisto für ihn vorgesehen hat: „Ich weiß dir so ein Schätzchen auszuspüren" (vgl. auch *Faust I*, V. 2445); es ist Gretchen, in der Faust Helena sieht („Du siehst, mit diesem Trank im Leibe, / Bald Helenen in jedem Weibe.", vgl. auch *Faust I*, V. 2603 f.). Ein Rest der Beschwörung Helenas durch Faust aus dem Volksbuch scheint hier nachzuwirken.

Die Gretchenhandlung, 17 Szenen umfassend und ein relativ geschlossenes Stück, wird als **Gretchen-Tragödie** bezeichnet. Sie steht der Faust-Handlung polar gegenüber: Faust lebt, wie seine Wissbegier zeigt, in einem protestantischen Umfeld, Gretchen ist katholisch. Die Gretchenhandlung bietet keine Entsprechungen zur tradierten Faust-Sage. [Erst in *Faust. Ein Fragment* sieht Faust im Hexenspiegel „das schönste Bild von einem Weibe! / Ist's möglich, ist das Weib so schön" (Goethe, BA 8, V. 899 f.), das die Brücke zur Helena-Beschwörung aus dem Volksbuch andeutet.] Faust trägt der vierzehnjährigen Margarete seine Begleitung an (V. 457 f.). Sie schlägt aus, muss ausschlagen, ziemt es sich doch nicht für ein einfaches kleinbürgerliches Mädchen ohne Bildung, sich von einem „Herrn" begleiten zu lassen. Faust begegnet dem Mädchen wie ein adliger Herr; Gretchen erinnert sich: Es war ein „Herr"; er „ist aus einem edlen Haus" (V. 533); selbst Mephisto ist über Fausts Auftreten erstaunt: „Er thut als wär er ein Fürsten Sohn" (V. 526; der Vers fehlt später). Faust beauftragt Mephisto, ein Geschenk zu beschaffen und ihm zu Gretchen zu verhelfen. Beide verstecken den Schmuck des Teufels bei ihr; Margarete findet ihn und schmückt sich damit. Ihre Eitelkeit wird die Brücke zur Verführung. Mephisto erfüllt Fausts Auftrag, über die Nachbarin Frau Marthe Zugang zu Gretchen zu bekommen. Im Garten begegnen sich die beiden Paare, schließlich gesteht Faust Gretchen seine Liebe. – Am Brunnen erfährt Gretchen von der Schwangerschaft Bärbelchens und ist erschüttert, denn sie fühlt sich in der gleichen Lage. Gretchen fleht zur Gottesmutter, aber ein böser Geist treibt sie in Ohnmacht. Vor Gretchens Haus ist ihr Bruder Valentin über ihren Zustand verzweifelt. Faust ist erbost über Mephisto, der ihm verschwiegen hat, dass Gretchen „als Missetäterinn im Kerker" (V. 2 nach V. 1435) ist: Sie hat ihre Mutter umgebracht und ihr Kind ertränkt. Mephisto warnt Faust, Gretchen zu befreien; dann könnte er in Gefahr geraten wegen der „Blutschuld", die auf ihm liegt, hat er doch Valentin inzwischen erschlagen. Faust dringt dennoch in Margaretes Kerker ein und will mit ihr fliehen. Doch Gretchen graut es vor Faust, Mephisto drängt zur Eile, denn der Morgen dämmert. Mit den verhallenden Rufen Gretchens „Heinrich! Heinrich!" endet der *Urfaust*. Noch fehlt die „Stimme von oben", die später in *Faust I* erklingt: „Ist gerettet!" und die zum Untergang der Sturm-und-Drang-Gestalt die klassische Erlösung fügt. Das Ende des *Urfaust* bringt keinen Abschluss der Entwicklung Fausts. Er bricht mit Mephisto zu neuen Abenteuern auf. Im *Urfaust* dominiert der Knittelvers, den Goethe bei der Lektüre Hans Sachs' kennengelernt hatte. Andere Szenen (Auerbachs Keller) sind noch in Prosa geschrieben und durch Lieder unterbrochen; in der Gretchenhandlung werden bereits Jamben verwendet.

Thematik und Kurzinterpretation

Beziehung zum Volksbuch

Die Beziehung zum Volksbuch ist in Szenen wie der Beschwörung des Erdgeistes zu erkennen, aber auch in Details zu finden: So nennt Mephisto nur hier Luzifer, den Fürsten der Hölle (V. 527)[124]. In

124 Erst in der *Grablegung* des *Zweiten Teils* erinnert Mephisto wieder an Luzifer, indem er die Engel für „Luzifers Geschlecht" (V. 11770) hält.

den *Urfaust* ging Goethes Streben ein, sich aus den beengenden Kreisen seiner Heimatstadt Frankfurt am Main zu lösen und in die Welt als ein schöpferischer Mensch einzutreten, möglichst auch politische Bedeutung zu erhalten. Das hatte er während der Bekanntschaft mit den Stürmer und Drängern, mit Herder und mit dem Denksystem Rousseaus begriffen. Es ist auch der entscheidende Schritt über Lessings *Faust* hinaus: Lessings Faust berief sich wie sein Schöpfer in seinen dramaturgischen Ansichten auf die Tradition des Aristoteles, mit dem sich allerdings auch die kirchlichen Dogmen als vernünftig begründen ließen. Goethes Faust wendet sich zur Natur, aristotelische Systematik wurde bei den Stürmern und Drängern durch Shakespeare ersetzt. Faust entzieht sich der aristotelischen Systematisierung und verlässt damit das Umfeld der kirchlichen Dogmen; sein Denken ist spinozistisch. Wenn er bekennt, sich der „Magie ergeben" (V. 24) zu haben, widerspricht das nicht. Vielmehr war die sogenannte weiße Magie, wie sie die katholische Kirche gestattete und Nostradamus vertrat, gesellschaftsfähig; erst mit der schwarzen Magie wurden diese Grenzen überschritten. Faust hat den Höhepunkt des scholastischen Wissens erreicht, widmet sich mit Hilfe eines Buches von Nostradamus der weißen Magie, um seinen Horizont zu erweitern (Makrokosmos, Erdgeist), wird zurückgewiesen, und geht erst dann zur schwarzen Magie über, deren Verlauf nicht geschildert, aber deren Ergebnis – Mephisto – dargestellt wird.

weiße Magie

Bereits der *Urfaust* macht deutlich, dass Goethe seinen Faust nicht als überhöhte nationale Mythenfigur sah, sondern als widersprüchlichen Menschen, der ebenso nach Erkenntnis drängte, wie er Vernichtung brachte: Gretchen, Gretchens Mutter und Gretchens Bruder Valentin sind seine Opfer. Die beiden auch später wichtigen Handlungsstränge sind vorhanden: die **Gelehrtenhandlung**, in der Faust nach Erkenntnissen strebt, und die **Gretchenhandlung**, in der Faust seine sinnlichen Wünsche erfüllt. Nicht vorhanden ist der **Teufelspakt**. Die Gelehrtenhandlung ist fragmentarisch erkennbar, die Gretchenhandlung fast vollständig ausgebaut. Beide Handlungen sind kaum aufeinander bezogen, sondern repräsentieren Fausts Anspruch auf sinnliche und geistige Erfahrung der Welt als einen polaren Gegensatz.

Goethe entwickelte zu diesen beiden Ansprüchen Fausts individuelle tragische Konstellationen, gebunden an Personen. Die Gelehrtenhandlung entwickelt sich um Faust, Wagner, den Studenten und Mephisto als Professor. Die Gretchenhandlung wird getragen von Gretchen, Frau Marthe, Lieschen, Faust, Valentin und Mephisto. Die beiden Personengruppen haben bis auf die durch teuflische Kunst miteinander verbundenen Figuren Faust und Mephisto nichts miteinander zu tun. Es fehlen ca. 1200 Verse, darunter Fausts Selbstmordankündigung und seine Rettung, der Osterspaziergang, die Studierzimmerszenen mit dem Pakt, die Hexenküche und die Walpurgisnacht. Außerdem fehlen im *Urfaust* die einführenden Texte *Zueignung*, *Vorspiel auf dem Theater* und *Prolog im Himmel*, die dem Stück einen zunehmenden klassischen Charakter geben und die ursprüngliche Spontaneität einer Sturm-und-Drang-Dichtung relativieren, indem sie sie mehrfach begründen und erklären. Als Bertolt Brecht 1953 mit der Inszenierung des *Urfaust*, den er keineswegs für einen unvollendeten *Faust*, sondern für ein „eigenes und großes Stück" hielt, begann, stellte er an den Beginn der Arbeit ein Notat, das die Bedeutung des Stückes umreißt: „*Urfaust* ist die realistische Geschichte eines Zauberers. Er ist Ausgangspunkt des deutschen Theaters überhaupt. Ohne *Urfaust* gäbe es keinen *Woyzeck*, keine realistische Theaterkunst."[125] Goethes *Ur-*

Ausgangspunkt des deutschen Theaters

125 Manfred Wekwerth: *Urfaust*. In: Ders.: Schriften. Arbeit mit Brecht. Berlin: Henschelverlag Kunst und Gesellschaft, 1975, S. 99

faust und Georg Büchners *Woyzeck* sind Fragmente, in denen soziale Typen zeitliche Umbrüche in der deutschen Geschichte kennzeichnen: Faust steht an der Schwelle vom Mittelalter zur Neuzeit und ist der neu entstehende Typ des bürgerlichen Intellektuellen, Woyzeck steht an der Schwelle von der Neuzeit zur Moderne und ist der neu entstehende Typ des plebejischen Proletariers.

3.6 Johann Wolfgang von Goethe: *Faust. Der Tragödie Erster Teil*[126]

Zeitgeschichtlicher Bezugsrahmen

Auf seiner Italienreise von 1786 bis 1788 wollte Goethe am *Faust* weiterarbeiten, um das abgeschlossene Werk in seine *Schriften*, die in acht Bänden bei Georg Joachim Göschen in Leipzig erscheinen sollten, aufnehmen zu können. Was hoffnungsvoll verlief – so entstand 1788 im Garten der Villa Borghese in Rom die Szene *Hexenküche* –, endete schließlich als ***Faust. Ein Fragment***, das dann im 7. Band 1790 erschien. Die Veränderungen waren allerdings auffällig: Goethe übernahm für große Teile den fünffüßigen, gereimten Jambus, der zum Versmaß der deutschen Klassik wurde. Die Prosaszenen waren ursprünglich Ausdruck des Sturm und Drang. Goethe bescheinigte ihnen deshalb auch „Natürlichkeit und Stärke", fand sie aber im „Verhältnis gegen das andere, ganz unerträglich" (Brief an Schiller vom 5. Mai 1798, Goethe, BA 8, 758). Deshalb schrieb Goethe die Szenen in Verse um, „da denn die Idee wie durch einen Flor durchscheint, die unmittelbare Wirkung des ungeheuern Stoffes aber gedämpft wird" (Goethe, BA 8, 758). Dennoch blieben die Szenen *Trüber Tag. Feld* – im *Urfaust* ohne Titel (vgl. *Urfaust*, nach V. 1435) – und *Nacht. Offen Feld* in Prosa erhalten, um den ursprünglichen expressiven Charakter, den Wutausbruch Fausts gegenüber Mephisto, zu erhalten. – Neue Motivationen wurden eingeführt: Nicht mehr Faust wird für die Studenten in Auerbachs Keller zum Zauberer, sondern Mephisto. Faust bekam ein

126 Zitiert wird nach folgender Ausgabe: Goethe: *Faust. Der Tragödie Erster Teil*. Stuttgart: Reclam, durchgesehene Ausgabe 2000. Für Goethes *Faust I und II* liegen ausführliche Kommentare vor: Rüdiger Bernhardt: *Johann Wolfgang von Goethe. Faust I*. Hollfeld: C. Bange Verlag, 92009 und Rüdiger Bernhardt: *Johann Wolfgang von Goethe. Faust II*. Hollfeld: C. Bange Verlag, 4., aktualisierte Auflage 2008.

neues Profil. Aus dem Magier wurde der moderne Gelehrte, der die eigene Lebenszeit verändern wollte, nicht durch „Zauberwesen" (V. 2337), sondern durch „die Natur" und einen „edle(n) Geist" (V. 2345), die er findet, ohne sie behalten zu können. Aus der Warnliteratur des Volksbuches wurde der programmatische Weltentwurf, der im *Zweiten Teil* zu Ende geführt wurde. Der erste Aufbruch in diese neue Welt ist die Aufgabe der scholastischen Gelehrtenwelt und der Eintritt in die Welt des natürlichen Lebens und Forschens, an die sich die Zueignung erinnert: „Und mich ergreift ein längst entwöhntes Sehnen / Nach jenem stillen ernsten Geisterreich" (V. 25 f.). Das Werk wurde zum Angebot, über den Anspruch des wissenden und strebenden Menschen nachzudenken, ihn nach seiner Gottähnlichkeit zu befragen, ihn als Partner von Teufel und Hexen zu verstehen oder ihm den Weg aus der irdischen Misere zu zeigen, ob zu „des Dorfs Getümmel", in „des Volkes wahre(n) Himmel" (V. 937 f.) oder dorthin, wo „die Menge zu dem Bösen" (V. 4039) strömt. Faust bediente zwei Seiten, den unaufhörlich strebenden Menschen und den rücksichtslosen Menschen.

Anspruch des wissenden und strebenden Menschen

Die Freundschaft mit Schiller beförderte die Weiterarbeit; der bereits **1806** abgeschlossene *Faust. Der Tragödie Erster Teil* erschien wegen der Kriegswirren erst **1808**. Faust darf nicht isoliert betrachtet werden. Zu ihm gehört Mephistopheles, den Goethe „zu einer unabweisbaren nihilistischen Wesensdimension Fausts selbst und andererseits zum Medium eines durchaus anerkannten aufgeklärten Denkens machte"[127]. Ist Faust einerseits ein Verwandter des schöpferisch strebenden Prometheus, so ist er andererseits ein Vertrauter des Teufels. Das ist zu bedenken, weil in der deutschen Geistesgeschichte das Faustische oft als das deutsche Schöpfe-

Mephistopheles

127 Schmidt, S. 41

rische verstanden wurde,[128] ohne zu berücksichtigen, dass auch die Vernichtung zum Faustischen gehören kann. Nach dem Zweiten Weltkrieg veränderte sich die Akzentuierung in der Bundesrepublik, indem Faust alle Sympathie entzogen und unter dem Einfluss Gustaf Gründgens' und Siegfried Melchingers[129] „die Umstülpung des ‚Faust'-Dramas in ein Mephisto-Stück"[130] eintrat.

Entstehungszeit

Die Entstehungszeit des gesamten *Faust*-Komplexes reicht vom Sturm und Drang bis zur Literatur des Jungen Deutschland, von 1770 bis 1832. Es ist die Zeit vom Vorabend der bürgerlichen Revolution von 1789 über die Niederlage Preußens 1806, die Napoleonische Zeit, den Wiener Kongress 1815 bis zur Julirevolution 1830 in Frankreich. Nicht nur Mitteleuropa erlebte in dieser Zeit eine völlige Neuordnung, sondern auch weltpolitische Veränderungen vollzogen sich (Befreiungskriege der Kolonien, u. a. wird Brasilien 1822 selbstständig, griechischer Befreiungskrieg 1821–1829). Während Goethe am *Ersten Teil* des *Faust* schrieb, fand die Französische Revolution von 1789 statt, wurde Frankreich zur Republik, erlebte die Revolution ihre Übersteigerung in den Terror von 1793/94, der am Ende die eigenen Führer vernichtete (Robespierre); es folgte der Aufstieg Napoleons und die Neuordnung Deutschlands. Als *Faust. Der Tragödie Erster Teil* 1808 erschien, empfing Napoleon als Kaiser in Erfurt Goethe und verlieh ihm das Ritterkreuz der Ehrenlegion. Gesellschaftlich war es die Zeit der Ablösung feudaler Herrschaftsstrukturen durch die bürgerliche Ordnung. Von alledem sind im *Faust* Spuren zu finden.

---

128 Diese Ideen finden sich bei dem Philosophen Oswald Spengler, aber auch in der Literaturgeschichtsschreibung nach 1871.

129 Siegfried Melchinger: *Faust für uns. Über Gustaf Gründgens' Hamburger Inszenierung*. In: Gründgens' *Faust*. Zum 60. Geburtstag von Gustaf Gründgens am 22. Dezember 1959. Berlin und Frankfurt am Main, 1959

130 Gerhard Scholz: *Faust-Gespräche*. Leipzig: Reclam, 1983 (Universal-Bibliothek Bd. 968), S. 129

Veränderungen

Wesentlich sind die Veränderungen, die sich unter diesen Voraussetzungen mit Faust vollzogen: Aus dem Magier wurde nun der Partner des Erdgeistes, der die Menschheit repräsentiert. Aus dem Zauberer wird der sozial interessierte Mensch, der die Bewegungsgesetze der frühkapitalistischen Gesellschaft von Mephisto erläutert bekommt. Die entscheidenden neuen Szenen dafür wurden die Paktszene (*Studierzimmer* II) und *Wald und Höhle*, in der sich Faust an den Erdgeist wendet und ihm dafür dankt, „die herrliche Natur zum Königreich" (V. 3220) gegeben zu haben.
Es findet sich kaum ein Deutungsansatz, den man im Faust-Verständnis nicht fände. Während mehrere Romantiker, unter ihnen Achim von Arnim und C. G. Carus die Faust-Gestalt positiv beurteilten, wandten sich zur gleichen Zeit Wieland und Jean Paul, vor allem aber Börne gegen diese Vorbildhaftigkeit. Besondere Ablehnung kam aus kirchlichen Kreisen. Während die einen Interpreten in Faust den Scharlatan und Gaukler sahen, sahen andere im Stück ein weltgeschichtliches Drama der Befreiung und in Faust einen geschichtsphilosophischen Optimisten, der um dieses Optimismus willen am Ende erlöst wird.

Inhaltlicher Aufbau

Das Geschehen vollzieht sich auf der **Grundlage** des ***Urfaust***. **Hinzugekommen** ist ein **dreifacher Text**: *Zueignung, Vorspiel auf dem Theater, Prolog im Himmel*. Das deutet auf die klassischen Veränderungen des Textes hin, denn hier wirkt sich die aristotelische Ästhetik aus, die das Stück wie im antiken Theater „ausstellt". Eine besondere Funktion erhielt der *Prolog im Himmel*: Er konstituierte die Wettsituation zwischen dem Herrn und Mephisto, aus der sich der Vertrag zwischen Mephisto und Faust ergibt. Die Auseinandersetzung des guten und des bösen Engels um Faust in

Prolog im Himmel

Marlowes Stück wird nun vor das Geschehen verlegt. Während Marlowes Faust sich entscheiden könnte, wurde bei Goethe Fausts Entscheidung bereits im Prolog disponiert. Gleichzeitig mildert der Prolog die tragische Konstellation des Untergangs, denn Gott (der Herr) steht am Ende über den Dingen, die er beherrscht und weiß: „Ein guter Mensch in seinem dunklen Drange / Ist sich des rechten Weges wohl bewusst." (V. 328 f.). **Die entscheidende Erweiterung ist die Konzentration auf den eigentlichen Faust-Stoff und die Aufnahme der Disputationen zwischen Faust und Mephisto bis zum Teufelspakt.** Weitere Ergänzungen gegenüber dem *Urfaust* – teils schon im *Fragment* vorhanden – sind der geplante Selbstmord Fausts und die Errettung durch den Osterchor (V. 606 ff.), die Szenen *Vor dem Tor* – mit dem Osterspaziergang und zahlreiche zeitgenössischen Anspielungen auf die zeitgenössische Medizin (V. 1048 ff.) –, *Studierzimmer* I – Faust hat vom Spaziergang einen schwarzen Pudel mitgebracht, in dem Mephisto steckt („Das also war des Pudels Kern!", V. 1323) – und *Studierzimmer* II: Gerade in ihr haben sich wesentliche Einsichten Goethes in bürgerlich-frühkapitalistische Verhältnisse ausgewirkt: In den vier Versen „Wenn ich sechs Hengste zahlen kann …" (V. 1824 ff.), die den Besitz von Kapital zur Voraussetzung für ökonomisches Handeln erklären, entdeckte der junge Karl Marx eine Beschreibung des kapitalistischen Besitzes und verwendete die Goethe-Verse variiert bei seiner Analyse des Privateigentums, „das damit geradezu als mephistophelische Errungenschaft, als Teufelswerk erscheint"[131]. Die *Hexenküche* ist an die Szene *Landstraße* getreten: Faust wird verjüngt und damit auf die Begegnung mit Gretchen vorbereitet, die nun deutlich die Stelle von Helena aus dem Volksbuch einnimmt. Die Szene *Wald und Höhle* – als Naturorte dafür besonders geeignet – bestätigt Fausts

131 Albrecht Schöne: *Karl Marx lernte von Mephisto, was Besitz vermag*. In: Frankfurter Allgemeine Zeitung (F.A.Z.) vom 3. Januar 2004, Nr. 2, S. 35

Ansprüche auf eine natürliche Gelehrsamkeit, auf eine menschliche Ganzheit aus Verstand und Gefühl und richtet sie auf Menschheitsinteressen, die der Herrschaft des Menschen über die Natur gelten; dramaturgisch ist er ein retardierendes Moment und hält die Handlung vor dem Höhepunkt nochmals an. Dass Faust zu dieser Besinnung kommen kann, verdankt er der Liebe zu Gretchen. Um ihn davon zu lösen und ihn statt für die Liebe für die Sinnlichkeit empfänglich zu machen, bedarf es teuflischer Künste: Gegensätzliche Wirkung haben die Szenen *Walpurgisnacht* und *Walpurgisnachtstraum*, die das Thema der Sexualität in den Vordergrund stellen und Faust damit vorantreiben, ihn von seiner Liebe zu Gretchen ablenkend. Neben vielen kleineren Unterschieden, Änderungen und Erweiterungen findet sich am Ende des *Ersten Teils* eine prinzipielle Umwertung: Als Mephisto Faust mit den Worten „Sie ist gerichtet!" von Gretchen reißt, ertönt eine „Stimme von oben: Ist gerettet!" (V. 4611 f.) Damit wird die tragische Situation für Gretchen und Faust gleichermaßen entschärft.

prinzipielle Umwertung

Thematik und Kurzinterpretation

In *Faust* ist der **dialektische Gegensatz** angelegt, unter dem Goethe das gesamte Stück gestellt hat.

> *„Jede heutige Faust-Interpretation muss nüchterne Ideologiekritik mitleisten, denn die Skepsis gegen das ‚Faustische' kann Goethes Faust nicht ausnehmen, der seine paradigmatische Bedeutung behält, doch als Protagonist eines Dramas, das die Gattungsbezeichnung Tragödie trägt, alles Vorbildhafte verliert."*[132]

---

132 Werner Keller: *Faust. Eine Tragödie*. In: Goethes Dramen. Interpretationen. Hg. von Walter Hinderer. Stuttgart: Reclam, 1992, S. 259

Gut und Böse als zwei Seiten einer Medaille

In *Faust* stehen sich Gut und Böse als zwei Seiten einer Medaille gegenüber. Diese dialektische Setzung findet sich auf allen Ebenen, zum Himmel gibt es die Hölle, zu dem Herrn den Teufel, zu den Erzengeln den „Lichtbringer" Luzifer, der von Gott aus dem Licht in die Finsternis (Hölle) verstoßen wurde, zu Faust als Akademiker seinen Famulus Wagner usw. Diese **dialektischen Entsprechungen** finden sich aber **auch auf allen inhaltlichen Ebenen**: Magie und Wissenschaft, Natur und Zivilisation, Gefühl und Vernunft, Kunst und Wirklichkeit, Phantasie und Erfahrung, Seele und Körper, Leidenschaft und Verstand. Faust steht inmitten dieser Spannungen und kann deshalb seine Wette mit dem Teufel ohne Gefahr eingehen. Würde er den Augenblick beschwören, um ihm Dauer zu verleihen, gäbe er seine Stellung in diesem dialektischen Geflecht auf und würde sich selbst negieren, da es keine Entwicklung mehr gäbe.

ideale Figur des Sturm und Drang

Faust ist zuerst eine ideale Figur des Sturm und Drang. Er begehrt gegen die dem Menschen gesetzten Grenzen auf und ist darin Prometheus ähnlich; er fürchtet sich nicht vor dem Überschreiten der Grenzen der menschlichen Erkenntnis. Im *Vorspiel auf dem Theater* dominiert die Ironie. Sie ist ein wirkungsvolles Gestaltungsmittel Goethes und beherrscht Szenen wie die Schülerszene (*Studierzimmer* II) – Mephisto spielt die Karikatur eines akademischen Lehrers –, die *Walpurgisnacht* und das Intermezzo (*Walpurgisnachtstraum*). Für Mephistopheles ist die Ironie der wesentlichste Charakterzug, der nur selten zurücktritt. Sie ist Wesensmerkmal.

Fausts Suche nach den bestimmenden Gesetzmäßigkeiten der Welt

Das **zentrale Thema des Werkes** ist Fausts Suche nach den bestimmenden Gesetzmäßigkeiten der Welt. Dahinter treten andere Aufgaben, an denen er ebenfalls scheiterte, zurück: „Bilde mir nicht ein was Rechts zu wissen, / Bilde mir nicht ein ich könnte was lehren, / Die Menschen zu bessern und zu bekehren." (V. 371 ff.). Das Interesse Fausts an den Menschen ist anfangs gering; sie sind für ihn „Pöbel". Ob sie überhaupt „zu bessern" sind, bleibt dahingestellt. Um soziale Widersprüche geht es diesem Faust nicht; er möchte nur nicht mehr sagen, „was ich nicht weiß" (V. 381), und möchte erkennen, also wissen, „was die Welt / Im Innersten zusammenhält" (V. 382 f.). Folgen für die Gesellschaft hat das vorerst nicht, aber es weitet sich mit dem Verständnis eines natürlichen Umfelds des Menschen auch die Möglichkeit seiner Vervollkommnung. Faust will sogar in den Tod gehen, um die Grenze des menschlichen Wissens zum göttlichen Wissen hin zu überschreiten. Das im Sturm und Drang verbreitete Motiv des Selbstmordes wurde bei Goethe modifiziert verwendet: Für Faust ist der Selbstmord der Versuch, die irdischen Grenzen zu durchbrechen und zu „neuen Ufern" zu gelangen (V. 701). Faust wird durch „Glockenklang und Chorgesang" vom Selbstmord zurückgehalten.

Rezeption

Die Leser spürten 1808 die Einzigartigkeit des Werkes. Die Zustimmung war aber keineswegs einhellig. Der aufklärerische Kreis um **Christoph Friedrich Nicolai** – Nicolai war in der *Walpurgisnacht* als „Proktophantasmist" (d. i. Steißgespensterseher) verspottet worden – hielt das Werk für unverschämt, Fausts Charakter für mangelhaft und den Mephisto für einen „elenden Hanswurst". Neben einigen geglückten Szenen gäbe es viel „alltägliches, gemeines Geschwätz", ein Intermezzo (der *Walpurgisnachtstraum*) mit „pöbelhaften Zoten", das danach verlangte, sich „diesem Goethischen Unwesen (zu) widersetzen"[133]. Der Aufklärer und Weimarer Freund Goethes **Christoph Martin Wieland** war beeindruckt, aber auch irritiert von der „barock-genialischen Tragödie", dem

133 Der Lehrer Christoph Daniel Ebeling an Friedrich Nicolai, 14. Juni 1808. In: Bode, Bd. 2, S. 392 f.

„exentrischen Geniewerk", das eine Mischung aus „diabolischer Schöpfungskraft" in der Art des Höllen-Breughel und „pöbelhafter Unfläterei" in der Art des Aristophanes sei, mit der sich Goethe mehr geschadet habe, „als ihm sein ärgster Feind jemals schaden könnte"[134]. Die Romantikerin **Dorothea Schlegel** sah in dem fertigen Werk nun noch mehr Fragment als im früheren, erkannte die Satire auf Nicolai und kritisierte: „Das Verhältnis des Menschen zum Bösen ist, meine ich, auch gar nicht klar und bestimmt genug dargestellt. Calderon, der ebenfalls eine Faust-Adaption geschrieben hatte, sei tiefer gewesen, aber die „letzte Szene von Gretchen im Gefängnis", die ebenfalls Calderons Geist atme, wurde in höchsten Tönen gelobt und als „romantisch-tragisch im allerhöchsten Sinn"[135] gepriesen. Aufschlussreich ist ihre Kritik am Verhältnis zum Bösen. Für die Romantik war das Gute und das Böse eine Antinomie, nicht so für Goethe. Sein in Platos Folge entworfenes Wertesystem, in das Faust durch die Wette zwischen dem Herrn und Mephisto eingespannt wurde, ging vom Guten als dem beherrschenden Zustand und Ziel aus, dem das Böse als Mahnung an das noch nicht vorhandene Gute, nicht als Wert an sich entsprach. Insofern war Mephistopheles der „Schalk" (V. 339), der ein durchaus angenehmer und notwendiger Partner für den Herrn und in dessen Stellvertretung auch für seinen „Knecht" Faust war. Für Dorothea Schlegel wurde Goethes *Faust* zum romantischen Text, der mit seiner Fragment-Struktur auch der romantischen Ästhetik entsprach.

134 Christoph Martin Wieland an den Dichter und Zensor in Wien Joseph Friedrich von Retzer, 20. Juni 1808. In: Bode, Bd. 2, S.393 f.

135 Dorothea Schlegel an ihren Mann Friedrich Schlegel, 24. Juni 1808. In: Bode, Bd. 2, S. 395 f. – Pedro Calderón de la Barca (1600–1681) ist einer der bedeutendsten Dichter Spaniens. Er brachte dem spanischen Theater einen glanzvollen Höhepunkt. *Der wundertätige Magus* (Uraufführung 1637, Erstdruck 1663) erhielt in Deutschland besondere Aufmerksamkeit wegen seiner Ähnlichkeit mit dem Faust-Stoff: Der gelehrte Cyprianus schloss mit dem Teufel einen Pakt, um seinen Wissensdrang zu befriedigen und die Christin Justina in seine Gewalt zu bringen. Immer wieder wurde angenommen, Goethe habe Szenen und Handlungs-Konstellationen aus dem Stück entlehnt. Das behauptete Lord Byron in seinen Unterhaltungen mit Tom Medwin.

3.7 Johann Wolfgang von Goethe: *Faust. Der Tragödie Zweiter Teil*[136]

Zeitgeschichtlicher Bezugsrahmen

Schon gegen Ende der Arbeit am *Ersten Teil* dachte Goethe über eine Fortsetzung nach. Aber nur gelegentlich arbeitete er daran. Wiederum stimulierte die Vorbereitung einer Ausgabe die Arbeit. Cotta bereitete seit 1824 die *Vollständige Ausgabe letzter Hand* vor. Fragmente zu *Faust II* sollten aufgenommen werden. Die Durchsicht intensivierte die Arbeit an *Faust II* wieder. Aktuelle Ereignisse wie die verheerenden Sturmfluten an der Nordseeküste im Winter 1824/25 erschütterten den Dichter und regten ihn zu Fausts Kolonisationsplänen im 5. Akt an („Musst du nicht längst kolonisieren", V. 11274). 1828 erschien im zwölften Band der *Werke* der Text des *Zweiten Teils* bis zum V. 6036 (1. Akt), *Helena. Klassisch-romantische Phantasmagorie* (V. 8488 ff.) war 1827 im vierten Band erschienen. **1831** beendete Goethe *Faust. Der Tragödie Zweiter Teil*, der im Todesjahr des Dichters **1832** als erster Band der nachgelassenen Werke erschien.

Spielte *Faust I* im Bürgerlich-Individuellen, in der kleinen und privaten Welt, so *Faust II* in der großbürgerlichen Welt des Finanzkapitals, der Urbanisierung und Kolonialisierung. Goethe hatte das deutlich gesagt: „Der erste Teil ist fast ganz subjektiv ... Im zweiten Teil aber ist fast gar nichts Subjektives, es erscheint hier eine höhere, breitere, hellere, leidenschaftslosere Welt."[137] Faust wird der erfolgreiche großbürgerliche Unternehmer, für dessen „Palast" (V. 11225) und „Weltbesitz" (V. 11242) die „Hütte" (V. 11048) von

Welt des Finanzkapitals, der Urbanisierung und Kolonialisierung

136 Nach folgender Ausgabe wird zitiert: Goethe: *Faust. Der Tragödie Zweiter Teil*. Stuttgart: Reclam, durchgesehene Ausgabe 2001.

137 Eckermann (17. Februar 1831), S. 595

Philemon und Baucis verschwinden muss. Der Gegensatz von „Palast" und „Hütte" bringt die soziale Spannung ein, die an die Französische Revolution erinnert: „Friede den Hütten! Krieg den Palästen!" war ihr Wahlspruch.[138] Die Französische Revolution von 1789 löste eine geschichtliche Entwicklung aus, die zu prinzipiellen und großräumigen Veränderungen führte. Napoleons Zug durch Europa war 1812 in Moskau gestoppt worden, aber die Umgestaltungen, die unter Napoleons Herrschaft territorial, politisch, menschenrechtlich und verfassungsrechtlich geschehen waren, wirkten und haben Europa modernisiert. Das konnte auch der Wiener Kongress 1815 nicht völlig zurücknehmen. Es folgten die Neuordnung Europas, die Gründung des Deutschen Bundes und die Heilige Allianz. Es waren auch neue Kräfte auf den Plan gerufen worden. Gegen Ende der Arbeit an *Faust II* beschäftigte sich Goethe auch mit dem Saint-Simonismus, der im 5. Akt seine Spuren hinterließ. Die wenigen genannten Ereignisse machen deutlich, dass Goethes *Faust II* parallel zur territorialen und politischen Neuordnung Europas entstand, die mit einschneidenden sozialen Veränderungen verbunden war.

Auseinandersetzung mit der deutschen und der europäischen Romantik

Faust II war auch eine Auseinandersetzung mit der deutschen und der europäischen Romantik, die Goethe aufnahm, reflektierte und von der er sich abstieß. Die Romantik hatte die Entstehung des *Zweiten Teils* zeitlich begleitet: Um 1800 hatte sie einen ersten Höhepunkt erreicht, 1830 war sie vorüber. Seit 1828 sprach Heinrich Heine nicht nur vom Ende der „Goetheschen Kunstperiode"[139], sondern er

---

138 Vgl. Rüdiger Bernhardt: *Georg Büchner. Der Hessische Landbote*. Königs Erläuterungen und Materialien Bd. 449. Hollfeld: C. Bange Verlag, ^{2}2007, S. 48

139 Heinrich Heine sprach 1828 vom Ende der „Kunstperiode", deren Beginn er vom „Erscheinen Goethes" an datierte (Heinrich Heine: *Die deutsche Literatur*. In: Ders.: Sämtliche Schriften, hrsg. von Klaus Briegleb, 1. Bd., München: dtv, 2005, S. 445). In der *Romantischen Schule* (1835) bestätigte er dieses Ende, in das er die Romantik einbezog: „Was war aber die romantische Schule in Deutschland? Sie war nichts anders als die Wiedererweckung der Poesie des Mittelalters ..." (Vgl. Heine, ebd., Bd. 3, S. 361)

bezog die Romantik in die Beschreibung des Endes ein. Goethe führte die Auseinandersetzung mit der Romantik auch deshalb, weil er sich mit Schiller für die Auslösung von „so viel Streit und Spaltungen" über romantische oder klassische Poesie verantwortlich sah.[140] 1829 gab Goethe während der Arbeit am *Faust II* seine berühmte Einschätzung: „Das Klassische nenne ich das Gesunde, und das Romantische das Kranke."[141] Goethes Aussage, getroffen im Zusammenhang mit einem Gespräch über französische Dichter, betraf nicht kurzschlüssig die zeitgenössische Kunst, sondern Wirkungen von Kunst. Goethe war bewusst, dass sein *Faust* parallel zu weltgeschichtlichen Ereignissen entstanden war und diese auch verarbeitete. Deutlich wird das in seinen Reaktionen auf den Tod des englischen Dichters **Byron** im griechischen Befreiungskampf, den er mit großer Anteilnahme – ging es doch um die Griechen, und mit Skepsis, waren doch die Kämpfe von Anarchie geprägt – verfolgte. Er erlebte Jugendliche, die von Byron begeistert waren, die eigene Schwiegertochter Ottilie eingeschlossen. Goethe hatte die Nachricht vom Tod des Dichters am 23. Mai 1824 erhalten. George Gordon Noel Lord Byron, der selbst eine berühmte Faust-Variation mit *Manfred* geschrieben hatte,[142] war am 19. April 1824 in Missolunghi gestorben. Goethe konzentrierte sich dadurch wieder auf den *Helena*-Akt und verband antike Sage mit griechischer Gegenwart.

140 Eckermann (21. März 1830), S. 549
141 Eckermann (2. April 1829), S. 467 f.
142 Byrons *Manfred* (1817) war als Antwort auf Goethes *Faust. Erster Teil* gedacht. Dabei wies er Goethe zahlreiche Anleihen bei anderen Dichtern nach, die Goethe „nicht einmal gelesen" haben will: „Lord Byron ist nur groß, wenn er dichtet; sobald er reflektiert, ist er ein Kind" (Eckermann, S. 160; 18. Januar 1825). Kein zeitgenössischer Dichter beeindruckte Goethe so sehr wie Byron; seinen *Faust* betrachtete er „als die Quelle, aus der Byron die Stimmung zu seinem *Manfred* geschöpft" (Eckermann, S. 666; Friedrich Sorets Gespräche mit Goethe in Eckermanns Bearbeitung, 13. April 1823) habe. In seinem *Faust Zweiter Teil* setzte er dem während des Freiheitskampfes gegen die Türkei verstorbenen Byron ein Denkmal: Im 3. Akt (Helena-Handlung) erscheint Byron als Euphorion.

Quellen

Zu den Quellen wie dem Volksbuch kamen Homers *Ilias* und *Odyssee* und vor allem Dantes *Göttliche Komödie*: „Bei Goethe kam als topographisches Vorbild für Fausts Diesseitsfahrt Dantes Himmelfahrt hinzu; freilich mit vollkommener Säkularisierung des Schauplatzes, die letzten Himmelsszenen abgerechnet."[143]

Inhaltlicher Aufbau

klassische Anlage

Bereits im Titel werden fünf Akte ausgewiesen (in Goethe, BA 8, S. 301, vor V. 4613 ff., nicht in der Reclam-Ausgabe), Hinweis auf die klassische Anlage des Stückes. Der **1. Akt** führt nach einer Eröffnung, die an den *Prolog im Himmel* erinnert, auf die kaiserliche Pfalz. Faust und Mephisto, der sich in einen Narren verwandelt hat, unterhalten den Kaiser mit mancherlei Zauber, darunter auch staatserhaltenden Maßnahmen wie der Erfindung des Papiergeldes. Da der Kaiser Helena und Paris zu sehen wünscht, muss Faust zu den Müttern in die Unterwelt, um sie herbeizuholen. Im **2. Akt** kehren Mephisto und Faust in Fausts Studierzimmer zurück; dort ist alles zurückgeblieben. Wagner aber, der inzwischen Fausts Stelle eingenommen hat, erschafft den künstlichen Menschen, der Mephisto überlegen ist, denn er kennt die Antike, die dem Teufel des Nordens verschlossen ist. Faust, Mephisto und Homunculus brechen zur Klassischen Walpurgisnacht auf. An deren Ende heben sich alle Gegensätze durch Liebe in Schönheit auf, auch Homunculus stirbt in der Vereinigung mit Galatea. Der **3. Akt** bringt die Vereinigung von Helena und Faust auf einer mittelalterlichen Burg. Aus ihrer Verbindung geht Euphorion hervor – ein Abbild Byrons –, der auf Felsenhöhen stürmt, fliegen will und dabei tödlich abstürzt. Zurückge-

143 Ernst Bloch: *Das Faustmotiv in der Phänomenologie des Geistes*. In: Zu neuen Ufern. Essays über Goethe. Berlin: Verlag Tägliche Rundschau 1949, S. 165

kehrt in das Gebirge Mitteleuropas begehrt Faust im **4. Akt** Besitz, um Kolonisationspläne zu verwirklichen: „Herrschaft gewinn ich, Eigentum!" (V. 10187). Er ist in der frühkapitalistischen Zeit angekommen. Da Faust dem Kaiser im Krieg zum Siege verholfen hat, wird er mit Land belehnt, das aber gleichzeitig vom Kaiser schon der Kirche zur Tributpflicht überlassen wird. Lange Zeit ist zu Beginn des **5. Aktes** vergangen; Fausts Land ist entstanden. Er selbst hat „Gewalt" und damit „Recht" (V. 11184). Der Handel blüht. Um noch mehr Gewinn zu erwirtschaften, sollen Philemon und Baucis umgesiedelt werden, verbrennen aber mit ihrem Besitz. Faust entwirft eine neue Utopie („Ein Sumpf zieht am Gebirge hin ...", V. 11559) und schließt sein soziales Programm ab, das ihm Mephisto als ein kapitalistisches beim Abschluss des Paktes erläutert hatte (*Faust I*, V. 1822 ff.); tatsächlich aber wird bereits sein Grab geschaufelt. Faust wird durch Gretchen in die höheren Sphären erhoben und Mephisto samt der Unterwelt entzogen.

Ausweitung des *Zweiten Teils*

Vom Faust-Stoff, wie er sich am dichtesten im Volksbuch zeigte, sind drei Bestandteile aus dem „dritt und letzten Teil von D. Fausti Abenteuer"[144] des Volksbuches aufgenommen worden: Fausts Aufenthalt am Kaiserhof Karls V., Fausts Beziehung zu Helena und Fausts Tod. Durch die Ausweitung des *Zweiten Teils* in die große Welt wurde auch der Kaiserhof nicht mehr die Stätte einfacher Zauberei und Belustigung, sondern Faust führt moderne Verhaltensmuster vor, die folgenreichste ist die Verwendung des Papiergeldes. Wissenschaftlich drängt alles zu neuer Schöpfung (Homunculus). Auch Fausts Beschwörung der Helena ist nicht nur Geisterbeschwörung, sondern die Aufhebung vergangener Kunst in gegenwärtigen Kunstprinzipien, der antik-klassischen

144 *Historia* 2006, S. 77 (orthografisch modernisiert)

in der mittelalterlich-romantischen. Im Wechselgespräch lernt Helena die ungewohnte „Sprechart": „Doch wünscht' ich Unterricht, warum die Rede / Des Manns mir seltsam klang, seltsam und freundlich." (V. 9367 f.). So werden soziale und politische, künstlerische und wissenschaftliche Erscheinungen ins Blickfeld Fausts gerückt; die *Klassische Walpurgisnacht* wird zur Zusammenschau naturgesetzlicher Vorgänge.

Frage nach dem tätigen Leben

Ein Grundproblem des *Faust* ist die Frage nach dem tätigen Leben. Zu Beginn des *Zweiten Teils* ändert Mephisto seine Strategie grundsätzlich. Er wendet nicht mehr den Zauber und die teuflischen Künste an, sondern seine Empfehlungen sind mehrdeutig und mindestens in einem Falle dabei auch vernichtend. Das Teuflische an seinem Rat, nach Schätzen zu graben, ist die Doppeldeutigkeit: Wenn man „grabt und hackt", macht man sich die Natur dienstbar; wer aber auf einen zufälligen Schatz baut, ist ein Tor. Auch dem Kaiser empfiehlt Mephisto: „Nimm Hack' und Spaten, grabe selber, / Die Bauernarbeit macht dich groß" (V. 5039 f.). Der aber will die Zeit „in Fröhlichkeit" vertun (V. 5057).
Das Erdbeben wird zum Sinnbild großer geschichtlicher Veränderungen und gestaltet nicht nur die Landschaft, sondern auch die soziale Situation der Lebewesen, die in eine bedingungslose gegenseitige Vernichtung hineingestoßen werden. Sogar Mephisto wird von seinen Sphinxen getrennt, ihm wird der Weg verstellt (V. 7689 f., 7803 f.). Das Erdbeben steht symbolisch für die Französische Revolution von 1789. Auf dem Höhepunkt des Meerfests verbinden sich Homunculus und Galatea, Feuer und Wasser vereinigen sich zu neuer Qualität. Sie ist das Kennzeichen moderner Technik und Naturwissenschaften um 1825, stellvertretend seien Eisenbahnen und Dampfmaschinen genannt. Goethe hat die Vorgänge nicht nur wahrgenommen, sondern auch in den *Faust II* eingeschrieben. Er war sich bewusst, dass er manchen „Wink" und „leise Hindeutung" einge-

fügt habe und der Leser zudem mehr darin finden würde als Goethe geben konnte.[145]

Fausts Schlussmonolog

Fausts Schlussmonolog ist eine große Utopie, aber ein Irrtum Fausts. Faust entwirft das Bild einer Gesellschaft, in der Besitz Macht bringt: Faust ist ein Besitzender. Der Besitz verschafft Freiheit und neuen Besitz. Faust scheint nochmals in unternehmerischen Kategorien zu denken („Eröffn' ich Räume vielen Millionen", V. 11563). Wenn das Spaten- und Schaufelgeklirr Faust anregt, seine Utopie zu beschreiben, die des neuen Besitzes und der besiegten Natur, wird sein Grab geschaufelt. Es graben nicht die fronenden Knechte oder die geworbenen Arbeiter, sondern die „geflickten Halbnaturen", die „schlotternden Lemuren" (V. 11512). Wenn Faust meint, „Räume vielen Millionen" öffnen zu können, so öffnet sich nur sein Raum, das Grab.

„höchster Augenblick"

Sein „höchster Augenblick", in dem er glaubt, seine Wettformel einsetzen zu dürfen („Verweile doch, du bist so schön!", V. 11582), ist der „letzte, schlechte, leere Augenblick" (V. 11589). Faust hat seine Wette verloren, denn er hat die Formel gesprochen, aber er hat die Wette auch gewonnen, denn dieser Augenblick entspricht nicht dem erwünschten Ziel. Verloren hat Faust die Wette, da er zum „Augenblicke" sagt: „Verweile doch, du bist so schön!" (V. 11582) Aber diese Formel wird mit einem Konjunktiv angekündigt („dürft ich sagen", V. 11581) und dadurch unwirksam. Gewonnen hat er die Wette insofern, weil seine prophetisch gesehene Erfüllung ein Irrtum ist: Was er als Voraussetzung für den erfüllten Augenblick beschreibt, entspricht nicht den Tatsachen: Es sind nicht die trockengelegten Sümpfe, die ihn begeistern und die der Menschheit dienen sollen, sondern es ist sein Grab, das er dafür hält. Mephisto muss nicht mehr darüber

145 Brief an Sulpiz Boisserée vom 8. September 1831. In: Jochen Schmidt: *Goethes Faust*, S. 218

sprechen. Dass er seinen Wettgewinn, die Seele Fausts, verliert, liegt an seiner Unfähigkeit, die Zwiespältigkeit des Wettausgangs zu nutzen: „Du bist getäuscht in deinen alten Tagen / Du hast's verdient" (V. 11834 f.). Fausts „freies Volk" ist zusätzlich eingegrenzt: Darin finden sich nur Männer, „Kindheit, Mann und Greis", auch gilt es nur für die Besitzenden des „freien Grundes". An eine Verteilung zugunsten aller war nicht zu denken. Frauen und Besitzlose wurden nicht mitgedacht beim „freien Volk" „auf freiem Grund". Das ursprünglich antike Ideal der Demokratie ist zu erkennen.

Epilog

Der Epilog (*Bergschluchten*) verwendet Personen und Attribute, Verhaltensweisen und Rituale katholischer Herkunft. Es ist eine nochmalige Beschäftigung mit romantischem Denken. Um 1800 beschäftigten sich die Romantiker enthusiastisch mit der Mystik. Damit begann die Wiederentdeckung der Religion, aus der sich allmählich die Identifizierung von romantischer Religiosität mit dem Katholizismus entwickelte, die bis zur Konversion mehrere romantischer Dichter zum Katholizismus führte, 1808 traten zum Beispiel Friedrich Schlegel und Dorothea Schlegel im Kölner Dom zum Katholizismus über.

Durch Liebe geschieht Fausts Erhebung in höhere Sphären, die aber nicht göttlicher Art ist, sondern irdische Erinnerung an Gretchen, „Una Poenitentium", eine der Büßenden. „Sonst Gretchen genannt" (nach V. 12068) hat Goethe eigenhändig an dieser Stelle zugefügt. Vorbereitet wird das durch den Angriff der Engel mit Rosen auf die Teufel, aus den Rosen werden „Flammen, die fröhlichen, / Liebe verbreiten sie" (V. 11727 f.). Fausts Erlösung bringt auch die Vereinigung von Gretchen und Faust, körperliche eingeschlossen, denn Gretchen beschwört die frühere Situation herbei, nun ungetrübt vom Teufel: „Der früh Geliebte / Nicht

Fausts Erlösung

mehr Getrübte / Er kommt zurück." (V. 12073 ff.). Das Ewig-Weibliche ist nicht Eigenschaft der Mater gloriosa, sondern wird durch Gretchen verkörpert, mit der Faust so sinnlich erfüllte Liebe genoss, dass er nach dem Verlust Helenas sich endlich nur noch an sie erinnerte, an „jugenderstes, längstentbehrtes höchstes Gut" (V. 10059).

Thematik und Kurzinterpretation

Eintritt Fausts in die moderne Welt

Die Rückgriffe auf das Volksbuch sind stofflicher Natur, vom Wesen ist nichts mehr geblieben. *Faust II* ist der Eintritt Fausts in die moderne Welt. Das beginnt mit dem 1. Akt am Kaiserhof, der zwar am mittelalterlichen Hof spielt, aber moderne Finanzvorgänge begründet. Es sind die ökonomischen Verhältnisse des 19. Jahrhunderts im poetischen Bild. Sie wirken sich auch auf das Denken aus, am bildhaftesten vorgeführt, wenn Mephisto dem Astrologen souffliert. Während der noch seine Sternbilder verwendet, hat Mephisto sie bereits mit neuen Inhalten gefüllt: „Merkur der Bote dient um Gunst und Sold" (V. 4956). Der Kaiser meint, er „höre doppelt" (V. 4971) und hat dabei gleich doppelt Recht: Er hört den Astrologen und den ihm soufflierenden Mephisto; er hört aber auch die Begrifflichkeit des Mittelalters mit den Inhalten der Neuzeit („dient", „Sold"). Insofern hat der Faust des *Zweiten Teils* wenig mit dem mittelalterlichen Faust des Volksbuches zu tun. Aber er festigte die sich schon nach *Faust I* gegründete Tradition einer modernen Faust-Gestalt. Ein Vorgang wurde dafür beispielhaft.
Die Beschäftigung mit dem Faust-Stoff wurde zu einem großflächigen europäischen Vorgang, in dem sich parallel unterschiedliche Varianten entwickelten, von denen einige von dem Vormärzdichter Georg Herwegh in seinem Aufsatz *Faust bei drei Nationen* zusammengefasst wurden. Darin geht es um vier, letzt-

lich um fünf Dichter: Goethe, Byron und Mickiewicz, deren *Faust*-Varianten von George Sand beurteilt wurden. Alle vier sind Gegenstand für den fünften Dichter Herwegh. George Sand stand für vielseitige literarische Beziehungen, die sie zu einer der bemerkenswertesten Frauen des 19. Jahrhunderts machten. Gegen Goethe – und damit gegen den *Faust* – hatte Herwegh kritische Vorbehalte, weil er zwischen Werk und Leben Widersprüche sah, akzeptierte jedoch, dass sich in Goethes bedeutendsten Werken, auch im *Faust*, das Genie gegenüber dem Politiker durchgesetzt und der Freiheit gedient habe. Byron war ihm zu sehr Dichter des Zweifels. George Sand, die später neben Turgenjew und Bakunin in Herweghs Haus in Paris verkehrte, war für ihn das Gegenteil Goethes. In ihr sah er eine begeisterte Vorkämpferin der Freiheit und dazu noch eine emanzipierte Frau. Adam Mickiewicz war für Herwegh der Vorkämpfer für die Freiheit schlechthin. Unter diesen Voraussetzungen betrachtet er die Werke. Noch etwas unterschied ihn von George Sand: Während diese Goethes *Faust* (*Zweiter Teil*) noch nicht gelesen hatte, kannte Herwegh ihn: „... auf die Intention des Dichters wirft er allein das richtige Licht, gibt allein für die Beurteilung des Ganzen den gehörigen Maßstab ab."[146] Herweghs Verdienst ist es, europäische Variationen des *Faust* aus ihren geistigen, national geprägten Grundlagen erklärt zu haben.

George Sand

In *Faust II* werden auch die Attribute des traditionellen Faust-Stoffes zerstört bzw. aufgehoben. Im 2. Akt, im gotischen Zimmer Fausts, residiert nun Wagner; Mephisto schüttelt zuerst die Zikaden und Käfer aus Fausts Mantel – sie haben sich als Verkörperung der Scholastik, als „Grillen" (V. 6615) in Staub und Totenköpfen festgesetzt. Dann zieht er die Glocke,

Attribute des traditionellen Faust-Stoffes zerstört

146 Georg Herwegh: *Faust bei drei Nationen*. In: Georg Herwegh: Werke, hrsg. von Hermann Tardel, 2. Teil. Deutsches Verlagshaus Bong & Co.: Berlin-Leipzig-Wien-Stuttgart, o. J. (1909), S. 111

die den alten gotischen Bau zum Schwanken bringt: „Treppe schwankt, es bebt die Mauer" (V. 6621). Die gotische Herkunft Fausts wird bedeutungslos. Goethes *Faust II* stieß bei seiner postumen Veröffentlichung auf Unverständnis und wurde auch nie, wie *Faust I*, als deutsches Nationalgedicht gesehen. Erst gegen Ende des 19. Jahrhunderts setzte sich die Einsicht durch, es mit einer philosophischen modernen Tragödie zu tun zu haben.

3.8 Thomas Mann: *Doktor Faustus*[147]

Zeitgeschichtlicher Bezugsrahmen

Seine vierbändige Romanfolge *Joseph und seine Brüder* (1933–43) verglich Thomas Mann (1875–1955) mit Goethes *Faust. Der Tragödie Zweiten Teil.*[148] Lebenslang setzte er sich mit Goethes *Faust* auseinander. Das weitete sich zum Studium der zugehörigen Epochen aus, wurde ergänzt durch die Lektüre von Marlowes und Heines *Faust*. Für den alles übertreffenden **Altersroman *Doktor Faustus* (1947)** diente bevorzugt das Volksbuch als Vorlage und wurde ausgiebig in Handlung, zahlreichen Zitaten und sprachlichen Anleihen verwendet.[149] Ähnliche Bedeutung bekamen Luthers Briefe, entgegen der „landläufigen Ansicht ... speziell Luthers Tischreden" (Bd. 10.2., S. 354) hätten eingewirkt, und Grimmelshausens *Der abenteuerliche Simplicissimus*. – Am Ende des Zweiten Weltkrieges vereinigten sich für Thomas Mann ältere literarische Pläne – Figur eines an Syphilis erkrankten Künstlers, dessen Vorbild Nietzsche war; die Erinnerungen an die Münchner Gesellschaft – mit dem Faust-Stoff. Schon ganz frühe Notizen sahen die „Figur des syphilitischen Künstlers: als Dr. Faust und dem Teufel Verschriebener" (Bd. 10.2., S. 13). Dann erweiterte sich der Zusammenhang. Thomas Mann sah die Zusammengehörigkeit des Stoffes mit deutscher Geschichte und ihren

Zusammengehörigkeit des Stoffes mit deutscher Geschichte

147 Nach folgender Ausgabe wird zitiert: Thomas Mann: *Doktor Faustus. Das Leben des deutschen Tonsetzers Adrian Leverkühn, erzählt von einem Freunde*. Frankfurt am Main: Fischer Taschenbuch Verlag, 2008 (36. Auflage).

148 Klaus Schröter: *Thomas Mann in Selbstzeugnissen und Bilddokumenten*. Reinbek bei Hamburg: Rowohlt Taschenbuchverlag (rowohlts monographien), 1964, S. 117

149 Für alle Textstudien und Kommentare ist als unübertroffene Ausgabe heranzuziehen: Thomas Mann: *Doktor Faustus. Das Leben des deutschen Tonsetzers Adrian Leverkühn, erzählt von einem Freunde*. Hrsg. und textkritisch durchgesehen von Ruprecht Wimmer unter Mitarbeit von Stephan Stachowski. In: Ders.: Große kommentierte Frankfurter Ausgabe, hrsg. von Heinrich Detering u. a. Band 10, 1 und 2. Frankfurt am Main: S. Fischer Verlag, 2007. Zitatnachweise 10.2. beziehen sich auf den Band 10, 2 dieser Ausgabe.

Symbolwerten. Als er seinem Sohn Klaus am 27. April 1943 über das Projekt schrieb, sah er „Anti-Vernunft damit verquickt, dadurch auch das Politische, Faschistische, und damit das traurige Schicksal Deutschlands" (zit. Bd. 10.2., S. 16). Mehrfach und in unterschiedlichen Zusammenhängen sprach Thomas Mann von der „Unmenschlichkeit"[150], die er in dem Roman thematisieren müsse. Das Umfeld des Romans wurde damit genau bestimmt; es wurde immer differenzierter und umfangreicher, aber nicht mehr prinzipiell verändert. –
Hier können nur einige Hinweise auf das gigantische Werk gegeben werden, denn nach wie vor gilt: „Bis heute ist das geniale Werk nicht auszuschöpfen, das die deutsche Kultur im faustischen Pakt mit dem Faschismus zum Teufel gehen lässt."[151]
In seiner Rede *Deutschland und die Deutschen* (1945) bestimmte Thomas Mann den **Gesamtkomplex** seines deutschen Faust, dessen Spezifik seine Herkunft aus der Musik ist:

> *„Unser größtes Gedicht, Goethes ‚Faust', hat zum Helden den Menschen an der Grenzscheide von Mittelalter und Humanismus, den Gottesmenschen, der sich aus vermessenem Erkenntnistriebe der Magie, dem Teufel ergibt. Wo der Hochmut des Intellektes sich mit seelischer Altertümlichkeit und Gebundenheit gattet, da ist der Teufel. Und der Teufel, Luthers Teufel, Faustens Teufel, will mir als eine sehr deutsche Figur erscheinen, das Bündnis mit ihm, die Teufelsverschreibung, um unter Drangabe des Seelenheils für eine Frist alle Schätze und Macht der Welt zu gewinnen, als etwas dem deutschen Wesen eigentümlich Naheliegendes. … Es ist ein großer Fehler der Sage und des Gedichts, dass sie Faust nicht mit der Musik in Verbindung bringen. Er müsste*

---

150 Thomas Mann: *Die Entstehung des Doktor Faustus*. In: Ders.: Zeit und Werk. Berlin und Weimar: Aufbau-Verlag, 1965, S. 195

151 Redaktionelle Vorbemerkung einer empfehlenswerten Aufsatzsammlung *Deutsche Hexenmeister. Thomas Mann und sein ‚Doktor Faustus'*. In: Literaturen, 2007, Heft 7/8, S. 4–23, hier S. 4

musikalisch, müsste Musiker sein. Die Musik ist dämonisches Gebiet – Sören Kierkegaard, ein großer Christ, hat das am überzeugendsten ausgeführt in seinem schmerzlich-enthusiastischen Aufsatz über Mozarts ‚Don Juan'. Sie ist christliche Kunst mit negativem Vorzeichen. ... Soll Faust der Repräsentant der deutschen Seele sein, so müsste er musikalisch sein."[152]

Naturwissenschaft weitgehend verdrängt und durch die Musik ersetzt

Diese Konzeption bedeutete auch, dass aus dem Faust-Stoff die Naturwissenschaft weitgehend verdrängt und durch die Musik ersetzt werden musste. Das setzte Thomas Mann im großen Altersroman *Doktor Faustus*, an dem der Schriftsteller 1943 zu arbeiten begann, um. Der Roman stellt eine außergewöhnliche Auseinandersetzung mit Goethes *Faust* dar. Zum gleichen Zeitpunkt 1943 setzte Thomas Mann seinen Erzähler Serenus Zeitblom ein: Leverkühns Biografie bis 1940 und die Barbarei der Kriegsjahre 1943 bis 1945 werden erzähltechnisch von ihm parallel geführt. Musik ist, und hier folgt Leverkühn Gedanken Kierkegaards, eine antichristliche Kunst, die die Nähe des Dämonischen sucht. Deshalb wurde Thomas Manns Faust ein Tonsetzer: Er widmete sich einer antichristlichen und dämonischen Kunst und machte sich bei höchster künstlerischer Vollendung anfällig für barbarische Haltungen.[153] Musik wird mit Alchimie verglichen; im Teufelsgespräch wird diese Parallelität verstärkt; schließlich werden in der Kantate *Doctor Fausti Weheklag* alle „Ausdruckscharaktere", die jemals in der Musik aufgetreten sind, „in einer Art von alchimistischen Destillationsprozess zu Grundtypen der Gefühlsbedeutung geläutert und auskristallisiert" (S. 644).

---

152 Thomas Mann: *Deutschland und die Deutschen* (1945). In: Ders.: Zeit und Werk. Berlin und Weimar: Aufbau-Verlag, 1965, S. 558 f.

153 Auf in diesem Zusammenhang gestrichene Stellen des Romans geht Thomas Mann: *Doktor Faustus*, Bd. 10.2., S. 535 ff. ein.

Der Untertitel geht auf die Spezifik ein: *Das Leben des deutschen Tonsetzers Adrian Leverkühn.* Für den Tonsetzer wählte Thomas Mann als eines der Vorbilder den Philosophen Friedrich Nietzsche, dessen Leitspruch vom „kühnen Leben" sprach. Deshalb erhielt der Tonsetzer den Namen Leverkühn; aufgelegt wurde ihm die zeitlich versetzte Biografie Nietzsches: Leverkühn lebte vom 6. Juni 1885 bis zum 25. August 1940, Nietzsche von 1844 bis zum 25. August 1900. Der Tonsetzer Leverkühn wurde die Personifikation der deutschen Seele und ihrer barbarischen Übersteigerung zur Menschen- und Kunstfeindlichkeit. Zeitblom wurde sein Biograf. Beide verbindet „das Geheimnis ihrer Identität"[154]; Identität bedeutete die Zusammengehörigkeit von solidem Wissenschaftler und teufelsbessenem Künstler, aber auch die dialektische Zusammengehörigkeit von Schaffen und Zerstören, wissenschaftlicher präziser Dokumentation und utopischem Entwurf.

Friedrich Nietzsche

Inhaltlicher Aufbau

Der zeitliche Rahmen des Romans umfasst die Jahre 1883 (Geburt Zeitbloms, S. 11) bis 1945. Zeitblom beginnt seine Erzählung über das Leben des Adrian Leverkühn (1885–1940) im Mai 1943 nach der Niederlage der deutschen Truppen bei Stalingrad und endet im Mai 1945, während der totalen Niederlage der Deutschen und der Befreiung der Welt von Nazideutschland.

Leben des Adrian Leverkühn

Um als Tonsetzer höchste Kunst zu erreichen, verschreibt sich Leverkühn dem Teufel, wird wahnsinnig und schließlich vom Teufel geholt. In diesen Teilen des Romans war vorwiegend das Volksbuch die Grundlage. Das trifft auch für Leverkühns Herkunft von „Landwirten" (S. 16) zu; D. Johann Faust war

154 Thomas Mann: *Die Entstehung des Doktor Faustus*. In: Ders.: Zeit und Werk. Berlin und Weimar: Aufbau-Verlag, 1965, S. 237

„eines Bauern Sohn gewest" (*Historia* [1964], S. 6) und anderes. Außer aus dem **Volksbuch** entlehnte Thomas Mann Material aus **Luthers Briefen**, die im Text inzwischen minutiös nachgewiesen wurden.[155] Der Teufelspakt wird langfristig im Roman vorbereitet. Im 16. Kapitel sendet Leverkühn 1905 aus Leipzig einen Brief an Zeitblom. Darin berichtet er von seinen Erlebnissen in Leipzig, die Sprache der Menschen sei „teuflisch gemein" (S. 188), ein Dienstmann, der ihm die Stadt und schließlich auch ein Bordell gezeigt habe, sah „unserem Schleppfuß" (S. 190) ähnlich (s. S. 108 der vorliegenden Erläuterung). Durch den „Gose-Schleppfuß" (S. 191) habe er Esmeralda in der „Lusthölle" (S. 192) getroffen, die ihn durch Berührung abhängig gemacht habe. Ihr folgt der 21-jährige Leverkühn 1906 nach Preßburg, infiziert sich bei ihr mit Syphilis - obwohl sie ihn warnt - und seither „geistert runenhaft" ihr Name als „Klang-Chiffre h e a e es: Hetaera esmeralda" (S. 208) durch Leverkühns Werk.

Leverkühns Gespräch mit dem Teufel

Im 25. Kapitel, in der Mitte des Romans[156], tritt Zeitblom als Erzähler zurück und fügt „Adrians geheime Aufzeichnung" (S. 297) ein, die undatiert ist und die ihm nach Adrians Tod (1940) in die Hände gefallen ist. Sie betrifft Leverkühns Gespräch mit dem Teufel, das sich einerseits real mit wechselnden Gestalten - der Teufel nimmt fortlaufend andere Gestalt an –, andererseits als Halluzination vollzieht. In dem Gespräch treffen die wichtigsten Quellen und Vorlagen des Romans aufeinander, vor allem die Disputationen des Teufels mit Faust aus dem Volksbuch, Briefe Luthers, Biografisches von Friedrich Nietzsche und das Teufelsgespräch als traumhafte Vorstellung, Anregungen aus Dostojewskis Faust-Roman *Die Brüder Karamasow*[157] (entstanden

155 Vgl. im Kommentarband 10.2. zum Beispiel die Hinweise zu Kumpf, S. 348 ff.
156 Das 34. Kapitel des Romans wird in drei Kapitel unterteilt, so werden aus den 47 Kapiteln insgesamt 49; damit steht das 25. genau in der Mitte.
157 Vgl. Middell, 2. Bd., S. 167 ff., 9. Kapitel: *Der Teufel. Iwan Fjodorowitschs schwerer Traum.*

1878–1880): Im Fieber führt Iwan ein Gespräch mit dem Teufel in ähnlicher Umgebung und unter ähnlichen Voraussetzungen wie Leverkühns Gespräch mit dem Teufel in der Zeit vor dem Ersten Weltkrieg im italienischen Bergort Palestrina. Zeitblom ist entsetzt bei dem Gedanken, „dass auch jene Zynismen, Verhöhnungen und Spiegelfechtereien aus der eigenen Seele des Heimgesuchten kamen" (S. 298) und nicht vom Teufel. Zuerst zitiert Leverkühn einen Vers Mephosthophiles' aus dem Volksbuch, Mephostophiles rät Faust: „Weißt du was, so schweig." (*Historia* [1964], S. 143; vgl. *Doktor Faustus*: „– Weistu was so schweig.", S. 299). Ursprünglich verwendete Luther den Vers bei Tisch und auf der Kanzel. Dann beschreibt Leverkühn die Situation, in der er dem Teufel begegnete: Er las „Kierkegaard über Mozarts Don Juan" (S. 300). Die Stelle ist von prinzipieller Bedeutung; sie reflektiert die Nähe von Don Juan und Faust, die weltliterarisch mehrfach genutzt wurde (Klinger, Grabbe, Byron). Durch das Teufelsgespräch gelangt Leverkühn zur teuflischen Inspiration seiner Musik, die er letztlich als Zurücknahme der Klassik, Beethovens *Neunte Sinfonie*, aber auch Mozarts *Don Juan*, verstanden wissen will. Mit Teufelshilfe über „volle vierundzwanzig Jahr ab dato recessi" (S. 333) widmet er sich der Musik, „vom Christentum zwar eingesetzt und entwickelt, aber verneint und ausgeschlossen als dämonisches Bereich" (S. 325). Eine **Voraussetzung und Beginn des Vertrages** sei bereits Leverkühns syphilitische Erkrankung, seine bewusste Ansteckung bei der Hetäre Esmeralda – „die Illumination, das Asphrodisiacum des Hirns" (S. 333) – gewesen, denn damit hat er „schöpferische, Genie spendende Krankheit" (S. 326) erworben. Der Teufel verspricht ihm „große Zeit, tolle Zeit, ganz verteufelte Zeit, in der es hoch und überhoch hergeht, – und auch wieder ein bisschen miserabel natürlich, sogar tief miserabel, das gebe ich nicht nur zu, ich betone es sogar mit Stolz, denn so ist es ja recht und billig, so ists doch Künstlerart und -natur." (S. 309 f.) Der Pakt sieht vor, dass Leverkühn im

Gegenzug auf Liebe verzichten muss, „insofern sie wärmt" (S. 334), und nach Ablauf der Zeit (24 Jahre gerechnet vom Jahr der Ansteckung 1906 aus, siehe oben) vom Teufel geholt wird. Der Zeitpunkt des Teufelsgespräches müsste um 1910 herum liegen („vier Jahre nachdem du dirs geholt", S. 315).

schwere Schicksalsschläge

Während Leverkühn kompositorisch immer größere Meisterschaft erlangt, treten schwere Schicksalsschläge ein: ein Ehe-Plan scheitert, der Freund Schwerdtfeger – mit dem Leverkühn eine homoerotische Beziehung eingeht – wird 1925 erschossen, das von Adrian entgegen der Vorgabe des Teufels geliebte Kind Echo, eigentlich Leverkühns Neffe Nepomuk Schneidewein, stirbt 1928 qualvoll. Dabei sind die persönlichen schmerzlichen Erfahrungen Ausdruck und Symbol der gesellschaftlichen Vorgänge; „sie gehörten ja schon dem Heraufsteigen und Umsichgreifen dessen an, was sich dann des Landes bemächtigte und nun in Blut und Flammen untergeht" (S. 636).

Symphonische Kantate *Dr. Fausti Weheklag*

Höhepunkt des genialen kompositorischen Schaffens Leverkühns wird „die Symphonische Kantate *Dr. Fausti Weheklag*" (S. 637); so lautet auch die Überschrift des 63. Kapitels des Volksbuches von 1587. Die Konzeption dieses Oratoriums, das „vom Versucher, vom Abfall, von der Verdammnis handelt" (S. 646), geht bis ins Jahr 1927 zurück, Adrian komponiert es Ende 1929/Anfang 1930. Das der Kantate unterlegte Bekenntnis Leverkühns war die Zurücknahme der Humanität, der *Neunten Sinfonie* Beethovens, „... *es soll nicht sein*. Das Gute und Edle, ... was man das Menschliche nennt, obwohl es gut ist und edel. Um was die Menschen gekämpft, wofür sie Zwingburgen gestürmt, und was die Erfüllten jubelnd verkündigt haben, das soll nicht sein. Es wird zurückgenommen. Ich will es zurücknehmen." (S. 631) [In diesen Passagen des Romans hat Thomas Mann **Theodor Adornos** Beschreibung des Oratoriums systematisch verwendet. Adorno, Musiker, Komponist, Musiksoziologe und Philosoph, war ein wichtiger musikwissenschaftlicher Berater Manns. Mann änderte deshalb viele Stellen des Romans. Adorno hatte Mann die „Symphonische Kantate" als den „umgekehrte(n) Weg des *Liedes an die Freude*, wie denn Adrian es als seine Aufgabe betrachtet, die *IX. Symphonie* zurückzunehmen" (Bd. 10.2., S. 1156), beschrieben.] Zeitblom wird Zeuge der Entstehung des ungeheuren Werkes, das er als Ausdruck der „vernichtende(n) Befreiung" (S. 640), die Deutschland 1945 erlebte, sieht. Damit war die Möglichkeit für die Wirkung der Kantate geschaffen, sie war Ausdruck eines deutschen Versagens. Hätte es eine Selbstbefreiung Deutschlands vom Faschismus gegeben, so wären Beethovens *Fidelio* oder die *Neunte Sinfonie* adäquate Kunstwerke gewesen. Nun aber konnte, wie Zweitblom schreibt,

Ausdruck eines deutschen Versagens

> *„nur dieses uns frommen, und dieses nur wird uns aus der Seele gesungen sein: die Klage des Höllensohns, die furchtbarste Menschen- und Gottesklage, die, ausgehend vom Subjekt, aber stets weiter sich ausbreitend und gleichsam den Kosmos ergreifend, auf Erden je angestimmt worden ist"* (S. 640).

Leverkühn lädt im Mai 1930 (S. 648) – 24 Jahre seit seiner Ansteckung bei Esmeralda sind vorüber – Freunde und Bekannte ein, um ihnen das eben vollendete Werk vorzustellen. Seine Begrüßungsansprache gerät zur Abschiedsrede an die Freunde: In einem fiktiven Frühneuhochdeutsch gehalten und wiederum Volksbuch-Zitate enthaltend,[158] entspricht sie Fausts Abschiedsrede an die Stu-

Abschiedsrede an die Freunde

158 Leverkühn sagt in seiner Abschiedsrede: „Wer da kegeln will, muss aufsetzen" (S. 655), in der *Historia* spricht den gleichen Satz Mephostophiles zu Faust: „Darnach einer kegelt, darnach muss er aufsetzen." (*Historia* [1964], S. 144). Schließlich findet sich der Satz auch im Gespräch zwischen Olivier und Simplicissimus in Grimmelshausens *Abenteuerlichem Simplicissimus*: „Ich weiß wohl, dass derjenige, so kegeln will, auch aufsetzen muss."Berlin: Aufbau-Verlag, 1959, 2. Bd., S. 55.

denten. Adrian teilt mit, seit seinem „einundzwanzigsten Jahr mit dem Satan verheirat" (S. 655) zu sein für die Dauer von 24 Jahren. Das Werk, was er in dieser Zeit geschaffen habe, sei „Teufelswerk, eingegossen vom Engel des Giftes" (S. 655). Am Ende seiner Rede will er etwas aus der *Weheklag* spielen, bricht aber zusammen und verfällt in einen „paralytische(n) Choc am Klavier" (S. 666). Mit einem Freund bringt Zeitblom den wahnsinnigen Leverkühn in eine Nervenheilanstalt, wo er nach drei Monaten als unheilbar entlassen wird; Adrians Mutter holt ihn zu sich auf den Buchelhof bei Weißenfels in Thüringen, wo er nach zehn Jahren in geistiger Umnachtumg am 25. August 1940 stirbt.

biografischen Versatzstücke

Es kann für Adrian Leverkühn eine Biografie für ein Musiklexikon abgeleitet werden, die echt wirkt.[159] Dem eingeweihten Leser fallen jedoch die biografischen Versatzstücke auf, die in dieser Figur zusammengetragen wurden: Sie reichen von Thomas Mann selbst, dessen Geburtstag am 6. Juni 1875 auf den Tag genau zehn Jahre vor dem Leverkühns liegt, über Friedrich Nietzsche, dessen Todestag am 25. August 1900 auf den Tag genau vierzig Jahre vor dem Leverkühns liegt und der den Hauptteil der Biografie Leverkühns trägt, bis zu Arnold Schönberg, dem Thomas Mann eines der ersten Exemplare des Romans mit der Widmung „Arnold Schönberg, dem Eigentlichen" sandte und dessen Erfindung der Kompositionsart (Zwölftonmusik) er auf Leverkühn übertrug (S. 672), und vielen anderen. Leverkühns Kompositionen erinnern an Werke Alban Bergs, Schönbergs, Claude Debussys und Berlioz'. Diese Nennungen erfolgen hier, um das Maß der Bezüge anzudeuten, mit dem der Roman gemessen sein will; auch wird angedeutet, wie sich über deutsche Kunst und Musik hinaus ein Panorama der europäischen Kunst, Musik und Literatur öffnet.

159 Eine derartige Biografie findet sich bei Hans-Jürgen Schaal: *Thomas Manns Musikerroman ‚Doktor Faustus'* (1998). Schaal's Site, S. 1, www.hj-jazz.de

Thematik und Kurzinterpretation

Aufkommen des deutschen Faschismus

Den bei deutschen Dichtern so beliebten Stoff trieb Thomas Mann, zeitlich parallel geführt dem Aufkommen des deutschen Faschismus, seinen teuflischen Verbrechen und seinem höllischen Untergang, bis zu einem historisch nachvollziehbaren Ende. Er gestaltete ein **Faust-Schicksal als das Schicksal eines Komponisten**, eines „deutschen Tonsetzers", **weil er die Musik als die deutscheste aller Künste betrachtete**. Thomas Mann informierte ausführlich darüber, was er alles verarbeitet hatte. Darunter befanden sich die wichtigsten Faustbearbeitungen vom Volksbuch bis zu Marlowe, Heines Libretto und Goethes *Faust*, Dokumentationen und Chroniken. Dazu gehörten Begegnungen mit Zeitgenossen, die sich mit Faust beschäftigt hatten: Igor Strawinsky, Arnold Schönberg, Hanns Eisler und andere. Es war, als wolle Thomas Mann dokumentieren, wer sich alles an Faust versucht hatte und wie viele künstlerische Varianten entstanden waren, ohne dass sie die Unmenschlichkeit und den deutschen Faschismus verhindert hätten. Mit den vielfältigen Gestaltungen des Faust-Stoffes zu unterschiedlichen Zeiten waren immer wieder Erkenntnisprozesse, Moralvorstellungen und geistiges Neuland gestaltet worden. Sie alle hatten aber den deutschen Faschismus nicht verhindert, weshalb nach 1945 darüber Diskussionen entstanden: Einige Schriftsteller meinten, die deutsche Sprache müsse für eine Zeit schweigen. **Alfred Andersch** fragte noch 1980 im Zusammenhang mit seiner Erzählung *Der Vater eines Mörders* (1980), in der es um den Vater des faschistischen Verbrechers Himmler geht: „Schützt Humanismus denn vor gar nichts?"[160]

160 Alfred Andersch: *Der Vater eines Mörders. Eine Schulgeschichte*. Berlin und Weimar: Aufbau-Verlag, 1981, S. 89

Faust als deutsche Symbolgestalt

Da es Thomas Mann um deutsche Kunst und deutsche Geschichte ging, er dafür Faust als deutsche Symbolgestalt adaptierte, durchziehen die Faust-Bezüge den gesamten Roman. Viele davon sind als Zitate oder Anleihen aus dem Volksbuch erkennbar. Andere erschließen sich über die zugehörigen historischen Beziehungen. Im 12. Kapitel nehmen Zeitblom und Leverkühn ihr Studium in Halle auf. Bei der Beschreibung des Ausblickes von Leverkühns Studentenzimmer weist Zeitblom mehrfach auf gotische Elemente hin: die „Gotik der Marienkirche", den Roten Turm „von ebenfalls gotischem Stil" (S. 127). Der Boden für teuflische Begegnungen ist bereitet. Diese finden erstmals an der Universität statt: Zeitblom und Leverkühn begegnen dort dem Professor Ehrenfried Kumpf, der mit Zügen Martin Luthers ausgestattet wurde und sich auch wie dieser gibt, oft vom Erzähler ironisch gebrochen. Er hat ein „kräftig persönliches und animoses Verhältnis zu Gottes Gegner" (S. 133); es drückt sich darin aus, dass er den Teufel nie beim Namen nennt, sondern ihn mit einer Fülle kerniger Bezeichnungen umschreibt. Ihm gegenüber steht der Privatdozent Eberhard Schleppfuß, den schon sein Name als teuflisch ausweist (S. 135). Er lehrt eine Theologie, die „ihrer Natur nach dazu neigt ..., zur Dämonologie" (S. 135 f.) zu werden.

Leverkühns symphonische Kantate *Dr. Fausti Weheklag* geht auf das Volksbuch zurück. Mann mied den Namen Fausts sonst im Roman sorgsam, nur im Titel und am Ende des Romanes (S. 642 f.) weist er Faust direkt aus. Aus dem Volksbuch wird das Generalthema der Kantate abgeleitet: „Denn ich sterbe als ein böser und guter Christ." (S. 643) Es ist „ein Monstre-Werk der Klage" (S. 641). Das musikalische Grundmotiv des Werkes ist das Buchstabensymbol h e a e e s, verweisend auf das Freudenmädchen Hetaera Esmeralda, das Leverkühn zu seiner Krankheit und damit zu seinem Schöpfertum verhilft.

Beschäftigung mit Goethe

Verarbeitet wurde, was Thomas Mann lebenslang in seiner Beschäftigung mit Goethe bewegte: Intimes und Gesellschaftliches, Ästhetisches und Politisches. Es war ein Roman gegen Hitler und einer für Goethe, in dessen Nachfolge sich Thomas Mann sah. Es war für Thomas Mann notwendig, „einen Faust zu schreiben, weil auch Goethe einen geschrieben hatte"[161]. Es war umso dringlicher, weil sein Faust nicht vom Schöpferischen, sondern vom Zerstörerischen geprägt wurde. Thomas Mann gab damit eine entscheidende Ergänzung zur sogenannten deutschen Nationallegende. Wie sein Leverkühn Beethovens *Neunte Sinfonie* zurücknehmen wollte, so galt Thomas Manns Roman als Zurücknahme von Goethes *Faust*. Das gehörte zu einem 1945 bei Intellektuellen verbreitet auftauchenden Denkmodell, die deutsche Sprache und ihre Kunst und Literatur, die die grausamsten Verbrechen der Menschheitsgeschichte nicht verhindert hatten, zurückzunehmen und sie mindestens zeitweise ins Schweigen zu schicken. Thomas Manns Faust versuchte die Zurücknahme, die indessen nicht gelang und nicht gelingen konnte: Das Gedachte und Geschaffene bleibt vorhanden und kann nicht zurückgenommen werden. Leverkühns Versuch war trotz teuflischer Unterstützung zum Scheitern verurteilt, sein Wahnsinn die natürliche Folge.

161 Hermann Kurzke: *Thomas Mann. Das Leben als Kunstwerk*. München: Verlag C.H. Beck, 1999, S. 494

3.9 Übersicht über einige weitere Faust-Bearbeitungen

Fragment aus einer Farce, die Höllenrichter genannt

Der Sturm und Drang hatte dem Faust-Stoff besondere Aufmerksamkeit geschenkt. Neben Texten Maler Müllers, Goethes und Klingers gehört auch **Jakob Michael Reinhold Lenz'** **(1751–1792)** ***Fragment aus einer Farce, die Höllenrichter genannt***[162] **(1777)** dazu. Vergleiche mit anderen Texten Lenz' haben vermuten lassen,[163] dass er in Lenz' Weimarer Zeit von 1776 entstanden ist. Lenz plante den Faust-Stoff als Farce und Satire; damit wollte er sich an den Weimarer Kunstproduktionen beteiligen, die sich damals der Farce widmeten: „Sie schreiben jetzt dort Farcen ... die sie Matinées nennen, haben Sie nichts davon?"[164] schrieb Merck am 8. März 1776 an Lenz. Im *Höllenrichter* geht Bacchus, der Gott des Weines, „nach der Hölle hinunter, eine Seele wiederzuholen"[165]. Dort trifft er auf einen vereinsamten ungeliebten Faust, der glaubt, Bacchus komme, ihn „auf ewig auszurotten"[166]. Doch Bacchus will ihn, wenn Faust die Gesellschaft gefällt, auf die Oberwelt zurückholen. Faust „sinkt in einer Betäubung hin"[167]. – Dieser Faust ist ein Gegenbild zu Goethes Faust, über den es seit 1773 Gespräche im Goethe-Kreis und Hinweise in den Briefwechseln gegeben hatte. Lenz' Faust hat seinen Teufels-Pakt hinter sich und fühlt sich betrogen, ohne dass über sein irdisches Leben etwas mitgeteilt würde.

---

162 Jakob Michael Reinhold Lenz: *Werke und Briefe in drei Bänden*, hrsg. von Sigrid Damm. Leipzig: Insel-Verlag, 1987, Bd. 1, S. 595 f.
163 Vgl. ebd., S. 775
164 Jakob Michael Reinhold Lenz: *Werke und Briefe in drei Bänden*, ebd., Bd. 3, S. 398
165 Ebd., Bd. 1, S. 595
166 Ebd., Bd. 1, S. 596
167 Ebd., Bd. 1, S. 596

Christian Dietrich Grabbes (1801–1836) ***Don Juan und Faust*** **(1829)** wurde Ausdruck der Konflikte des Dichters, verstärkt durch seine Sensibilität. In der Tragödie begegneten sich menschliche Wunschbilder, Ideale der geistigen Entwürfe, denen sich Grabbe verpflichtet sah. Im Untergang der beiden Helden spiegelte sich auch die erbärmliche Lage des Dichters in seiner Zeit. – In wesentlichen Positionen ging Grabbe auf das Volksbuch zurück. Die Grundidee für die Tragödie führte die beiden getrennt voneinander agierenden Gestalten in einer Handlung zusammen und konfrontierte sie miteinander. Ihr Bindeglied war der Teufel, der beide holte. Die Gestalten standen für zeitgenössische Lebens- und Kunstphilosophien: Faust wurde bei Grabbe der romantische Idealist, dem letztlich keine irdische Liebe genügen konnte; Don Juan war die Verkörperung einer unendlichen Sinnlichkeit, die nicht durch irdische Liebe gestillt wurde. – Mehrfach wurde in der Weltliteratur Fausts Schicksal mit dem Don Juans verglichen oder gar gleichgesetzt. Das reichte bis in Thomas Manns *Doktor Faustus*: Leverkühn alias Faustus las, bevor ihm der Teufel erschien, Kierkegaard über Mozarts *Don Juan*.

Don Juan und Faust

Auch **Nikolaus Lenau (1802–1850)** projizierte das eigene Schicksal in ***Faust. Ein Gedicht***[168] **(1836)**. Nikolaus Lenau, eigentlich: Nikolaus Franz Niembsch Edler von Strehlenau, gilt als großer Freiheitsdichter Österreichs. Lenau schrieb seit 1833, er war kurz zuvor aus Amerika zurückgekommen, in Wien an dem Werk, das zuerst *Faustische Bilder* heißen sollte. Er hatte sich auf das Thema mit dem Blick auf Goethe eingelassen und schrieb am 27. November 1833 an Justinus Kerner: „*Faust* ist zwar von

Faust. Ein Gedicht

168 Nikolaus Lenau: *Faust. Ein Gedicht*. Mit Dokumenten zur Entstehung und Wirkung hrsg. von Hartmut Steinecke. Stuttgart: Reclam, 2004 (Universal-Bibliothek Nr. 1524)

Goethe geschrieben, aber deshalb kein Monopol Goethes, von dem jeder Andere ausgeschlossen wäre. Dieser Faust ist Gemeingut der Menschheit."[169] Es war wiederum ein Gegenentwurf zu Goethe, denn Lenaus Faust verstrickte sich in Sünde, als er nach Erkenntnis und Wahrheit forschte. Durch einen mehrfach angedeuteten Selbstmord suchte er den Ausweg aus dem Teufelspakt und fand bei Lenaus Zeitgenossen deshalb Anerkennung, weil sie darin die Rückkehr zu christlichen Positionen und die Absage an pantheistische Irrlehren zu finden meinten. Ein entscheidender Unterschied zu Goethe ist, dass Lenaus Faust kein Gretchen zur Seite hat, das ihm zur Erlösung verhilft, und ihm auch keine Helena erscheint. Lenau empfand sich – und legte das seinem Faust auf – als ein beschädigtes Subjekt, nicht als genialen Wahrheits- und Erkenntnissucher.

Der Doktor Faust. Ein Tanzpoem, nebst kuriosen Berichten über Teufel, Hexen und Dichtkunst

Einen Höhepunkt der Beschäftigung mit dem Faust-Stoff erreichte **Heinrich Heine (1797–1856)** mit ***Der Doktor Faust. Ein Tanzpoem, nebst kuriosen Berichten über Teufel, Hexen und Dichtkunst***[170] **(1847)**. Während seiner Harzreise 1824 besuchte Heine in Weimar Goethe, der in sein Tagebuch schrieb: „Heine von Göttingen."[171] Die Unterhaltung bewegte sich zuerst „auf sehr gewöhnlichem Boden", dann habe Goethe gefragt: „‚Womit beschäftigen Sie sich jetzt?' Rasch antwortete der junge Dichter: ‚Mit einem *Faust*.' Goethe ... stutzte ein wenig und fragte in spitzem Tone: ‚Haben Sie weiter keine Geschäfte in Weimar, Herr

169 G. Emil Barthel: *Einleitung* (zum *Faust*). In: Nicolaus Lenau: Sämtliche Werke, hrsg. von G. Emil Barthel. Leipzig: Reclam, o. J. (1883), S. 365

170 Heinrich Heine: *Der Doktor Faust*. In: Ders.: Sämtliche Schriften, hrsg. von Klaus Briegleb, München: dtv, 2005, 6. Bd., Teil 1, S. 351 ff., 6. Band, Teil 2, S. 99 ff.

171 H. H. Houben (Hrsg.): *Gespräche mit Heine*. Potsdam: Rütten & Loening, 1948 (2. Auflage), S. 99 (Eintragung 111, 2. Oktober 1824)

Heine?'"[172] Damit sei er entlassen gewesen. – Im Bewusstsein von Zeitgenossen wie dem Publizisten und Literaturtheoretiker Ludolf Wienbarg (1802–1872), der als theoretischer Wortführer des Jungen Deutschland galt, stand 1830 „dem Schöpfer des Faustgedichts" Goethe kaum jemand „durch dichterische Gaben und eminentes ästhetisches Bewusstsein" näher als Heine. In seiner Person sei „auf einem minder ideellen, vom mannhaften Ringen mit den Problemen des Lebens und der Wissenschaft wenig Kunde gebenden, mehr Faust-Mephistopheles"[173] gewesen als in jeder anderen. Für Heine war das deutsche Volk selbst ein Doktor Faust, „jener Spiritualist", der nach irdischer Gleichheit strebe, nach politischer Brüderschaft – nicht der geistigen des Christentums – und „noch bei Lebzeiten auf dieser Erde selig werden"[174] wolle. Er ging bei seiner Beschäftigung mit dem Teufel der Faust-Sage am Beispiel eines „der älteren Puppenspiele, welche das Satansbündnis, Schandleben und erbärmliche Ende des Doktor Faustus vorstellen"[175], nach. Dabei beschrieb er eine unbekannte Variante des Puppenspiels:

> *„Faust, welcher vom Teufel die Befriedigung aller irdischen Genüsse begehrte, hat ihm dafür seine Seele verschrieben und sich anheischig gemacht, zur Hölle zu fahren, sobald er die dritte Mordtat begangen hat. Er hat schon zwei Menschen getötet und glaubt ehe er zum drittenmale jemanden umbringe, sei er dem Teufel noch nicht verfallen. Dieser aber beweist ihm, dass eben sein Teufelsbündnis, sein Seelentotschlag, als dritte Mordtat zähle, und mit dieser verdammten Logik führt er ihn zur Hölle."*[176]

---

172 Houben, ebd., S. 99 f. (Eintragung 112., 2. Oktober 1824)

173 Houben, ebd., S. 171

174 Heinrich Heine: *Die Romantische Schule*. In: Ders.: Sämtliche Schriften, hrsg. von Klaus Briegleb, 3. Bd., München: dtv, 2005, S. 401 f.

175 Heinrich Heine: *Elementargeister*. In: ebd., S. 677

176 Heine, ebd.

Heine siedelte seinen Faust, einen Zeitgenossen des 16. Jahrhunderts, in einem gotischen Umfeld an, der 5. Akt spielt vor „einer Kathedrale, deren gotisches Portal im Hintergrunde sichtbar"[177] ist. Die Zeit des Vertrages ist abgelaufen und Faust gehört nun der Hölle. - Mephisto erscheint als Mephistophela, als Faust die Bürgermeisterstochter, „bezaubert von ihrer reinen Natürlichkeit"[178], heiraten will; sie verwandelt sich in eine Schlange und „mit wilder Umschlingung erdrosselt"[179] sie Faust. - Es hat auch vor Heine bereits den weiblichen Mephistophiles gegeben; Fürst Pückler-Muskau machte Heine in einem Brief vom 26. 4. 1854 darauf aufmerksam.[180] Einerseits betrachtete Heine seinen Faust als eine „literarhistorische Kuriosität"[181], andererseits wusste er um die polemische Anlage seines *Faust*, der bürgerliche Idealität in sozial bestimmten Strukturen sucht, aber diese nicht finden kann. Mephistophela ist die Symbolfigur der zerstörenden Wirklichkeit, die keine Ideale mehr kennt.

Pole Poppenspäler

Vielfältig ist die Verwendung des Faust-Stoffes innerhalb anderer Werke. Spezifisch nutzte ihn **Theodor Storm (1817–1888)** in ***Pole Poppenspäler* (1874)**. Erzählt wird, wie der Kunstdrechsler und Mechanikus Paul Paulsen, angesehener Bürger einer norddeutschen Stadt, zu dem Namen Pole Poppenspäler kam: In Pauls Kindheit kommt ein fahrendes Marionettentheater in die Stadt, Paul darf eine Aufführung sehen und ist begeistert. Heimlich und ohne Absicht beschädigt er den Mechanismus der Kasperl-Figur, die daraufhin im nächsten Stück, *Doktor Fausts Höllenfahrt*, nicht

177 Heinrich Heine: *Der Doktor Faust*. In: Ders.: Sämtliche Schriften, hrsg. von Klaus Briegleb, München: dtv, 2005, 6/1. Bd., S. 369.
178 Ebd., S. 371
179 Ebd., S. 372
180 Im Kommentar zu *Der Doktor Faust*. In: Heinrich Heine: Sämtliche Schriften, hrsg. von Klaus Briegleb, 6. Bd., Teil 2, München: dtv, 2005, S. 120
181 Ebd., S. 106

mehr funktioniert. Pauls Vater repariert die Figur, und Paul freundet sich gut mit Lisei, der Tochter des Puppenspielers Joseph Tendler, an. Sie verbringen eine glückliche Zeit, bis die Familie Tendler weiterziehen muss. Erst zwölf Jahre später - die Hälfte der Zeit des Teufelsvertrages - treffen sich Paul und Lisei wieder. Sie heiraten und Paul übernimmt die Werkstatt seines verstorbenen Vaters. Ohne teuflische Verträge entsteht ein stilles und bescheidenes Glück. Liseis verwitweter Vater zieht zu ihnen und gibt sein fahrendes Theater auf, will aber nach einiger Zeit noch einmal vor Ort ein Puppenspiel aufführen. Das Familienglück wird von der Unvernunft und „Zügellosigkeit"[182] der neuen Generation getrübt, die für Tendlers Puppenspiel kein Verständnis mehr hat, die Aufführung massiv stört und die Kasperl-Figur beschädigt; an Pauls Haustür wird der als Schimpfwort gedachte Name Pole Poppenspäler geschmiert. Tendler, nun ein gebrochener Mann, verkauft daraufhin seine Marionetten, die Paul wieder zurückzukaufen versucht, nur der Kasperl bleibt verschollen. Tendler stirbt, während seiner Beerdigung wird der Kasperl über die Friedhofsmauer ins Grab geworfen. Die Figur sitzt mit nach oben ausgestrecktem Arm auf dem Sarg, als solle sie „verkünden, dass, nachdem alle Puppenspiele ausgespielt, da droben nun ein anderes Stück beginnen werde"[183].

Eine neue Zeit hat begonnen, die ein rechtschaffenes, von menschlichen Werten geprägtes Glück bedroht. Die Menschen gehen rücksichtsloser und brutaler miteinander um, traditionelle Kulturwerte - symbolisch dafür erscheint der Kasperl - werden zerstört und der Respekt der Generationen voreinander ist verschwunden. Storms Erzähler versucht, mit seiner Geschichte von Pole Poppenspäler und Faust dem Werteverlust entgegenzuwirken und eine spezifische Arbeit für die Jugend zu schreiben: Faust avancierte bei Storm zum Erziehungsmodell.

182 Theodor Storm: *Pole Poppenspäler*. Stuttgart: Reclam, ergänzte Ausgabe 1996, S. 68
183 Ebd., S. 74

Eine ausgedehnte Beschäftigung mit dem Faust-Stoff bietet die russische Literatur. Das reicht von Alexander Puschkins (1799–1837) *Szene aus dem Faust* (1825; 1828)[184] über Fjodor M. Dostojewskis (1821–1881) *Die Brüder Karamasow* (1880) und Anatoli Lunatscharskis (1875–1933) *Faust und die Stadt* (1908)[185] bis zu Maxim Gorkis *Das Leben des Klim Samgin* (1927–36, Fragment). Eine eigenwillige und moderne Bearbeitung findet sich in

Der Meister und Margarita

Michail Bulgakows (1891–1940) ***Der Meister und Margarita*** **(1966/67)**. Der sowjetische Schriftsteller Michael Bulgakow hat von 1928 bis zu seinem Tod an diesem Roman gearbeitet, der erst 1966/67 in Moskau erschien, seinen Schöpfer bekannt werden ließ und zur literarischen sowie zeitgeschichtlichen Sensation wurde. Der Roman über den Teufel sollte weniger mit Goethes *Faust* als vielmehr mit Lesages *Der hinkende Teufel* zu tun haben. Vor allem aber wollte er ein satirischer Zeitroman über das Moskau um 1930 sein. 1956 setzte in der Sowjetunion, nach dem XX. Parteitag der KPdSU, die Zeit des „Tauwetters" ein, in der begonnen wurde, die Verbrechen Stalins aufzuarbeiten. Bulgakows Roman wurde zum warnenden Hinweis, als das „Tauwetter" längst wieder beendet worden war, dass diese Verbrechen sich nicht im Selbstlauf überwinden lassen würden, sondern der Teufel Voland, wie er bei Bulgakow hieß, und mit ihm Magie als Synonym für Selbstbetrug gegenwärtig seien. Bulgakows Teufel demonstriert, wie hierarchische Strukturen der Vergangenheit sich erhalten oder reproduzieren. Das Motto des Romans stammt aus Goethes *Faust*: „Nun gut, wer bist du denn ? – Ein Teil von jener Kraft, die stets das Böse will und stets das Gute schafft." (S. 5[186])

184 Middell, 2. Bd., S. 23–26
185 Middell, 2. Bd., S. 196–217
186 Michail Bulgakow: *Der Meister und Margarita*. Berlin: Volk und Welt, 1975 (2., ergänzte und vom Übersetzer neu bearbeitete Auflage). Zitate aus dem Roman werden im Folgenden durch nachgestellte Seitenangaben ausgewiesen. Darin: Ralf Schröder: *Geschichte und Dichtung in dem Roman ‚Der Meister und Margarita'*, S. 457

Das weist auf das Faust-Thema hin, bei dem es um Gut und Böse, Gott und Voland (Teufel) und um wirkliche Künstlerschaft geht. Die Anspielungen auf Goethes *Faust* sind zahlreich, auch die Verwendungen szenischer Elemente wie einer modifizierten *Walpurgisnacht: Der große Ball beim Satan* (S. 295 ff.). Der Meister, der erst in der zweiten Hälfte des Romans auftritt, ist eine Art Faust, der in Wahnsinn verfallen ist. Seine Geliebte Margarita wird durch eine Salbe zur Hexe und vom Teufel zur Ballkönigin gekürt. Beide werden schließlich vom Teufel vergiftet und durch den Tod erlöst; der Teufel erweckt sie danach zum ewigen Leben im „ewigen Haus" (S. 431), in dem der Meister, wie ihm der Teufel wünscht, „wie Faust über der Retorte hocken (kann), hoffend, dass es Euch gelinge, einen neuen Homunkulus zu formen" (S. 430). In einer dritten Handlung wird eine Erzählung über Pontius Pilatus eingefügt, die den christlichen Erlösungsgedanken mit Faust verbindet; dieser Text ist des Meisters literarische Leistung, wie sich ergibt. So fallen schließlich Jesus-Geschichte, Faust-Stoff und Moskauer Gegenwart um 1930 in einem einzigen Erlösungsvorgang zusammen, den der Teufel bestimmt: „Alles wird richtig werden, darauf beruht die Welt." (S. 428) ist sein Credo.

Die lange lange Straße lang

Die spezifische Faust-Rezeption in Thomas Manns *Doktor Faustus* soll mit einem Beispiel ergänzt werden: Faust als ein rücksichtsloser Wissenschaftler, der zum Verbrecher gegenüber der Menschheit wird. Davon handelt **Wolfgang Borcherts (1921–1947)** Erzählung ***Die lange lange Straße lang*** **(1947)**. Der Schauspieler, Soldat und Heimkehrer Wolfgang Borchert starb 1947 mit sechsundzwanzig Jahren, berühmt geworden durch sein Stück *Draußen vor der Tür*, das einen Tag nach seinem Tod in den Hamburger Kammerspielen uraufgeführt wurde. Erzählungen wie die *Die Hundeblume* und *Die lange lange Straße lang* verhalfen

Wolfgang Borchert zu dauerhaftem Ruhm. Borcherts Erzählung *Die lange lange Straße lang*, sie gehört zu seinen „letzten Stücken"[187], variiert das Thema von *Draußen vor der Tür*. Sie ist die Geschichte des Heimkehrers Fischer aus dem Zweiten Weltkrieg, dessen Kameraden unter seinem Kommando bei Woronesh gefallen sind. Der todkranke Borchert schrieb die Erzählung im Sommer 1946; er hatte mit Hilfe der Eltern den Gang ins Freie gewagt, „vom Haus bis zur Ecke, da, wo die Linie 9 der Straßenbahn vorbeifährt"[188]. Die Straßenbahn hat leitmotivische Bedeutung für die Erzählung.

Der Heimkehrer Leutnant Fischer, 25 Jahre alt wie Borchert, will seine Verantwortung zurückgeben: 57 Soldaten wurden das Opfer eines Artillerieangriffs; nur Fischer überlebte. Nun sucht er, entkräftet, todkrank und schwach, die Schuldigen. Auf seiner Suche nach der Straßenbahn und ihren Stationen kommt er in einer Straße an, auf der Werte und Vorbilder der deutschen Zeitgenossen Fischers erscheinen, von Evelyn Künnekes (1921–2001) Schlager „Sing, Nachtigall sing" bis zum romantischen Gedicht („Eine blaue Blume / lindert allen Hass.", S. 321[189]), die *Matthäus-Passion* und die Barrabas-Schreier, die den Mörder Barrabas statt Jesus von Pontius Pilatus freigelassen sehen möchten. Die Erzählung steigert sich zur modernen Passionsgeschichte.

Ein Leierkastenmann hat auf seinem Leierkasten Marionetten stehen – einen Boxer, einen „fetten Mann" mit einem Sack Geld, einen General, einen Dr. Faust „mit einem weißen weißen Kittel und einer schwarzen Brille" (S. 330). Die Umwertung beim faustischen Streben wird rigoros versucht. Nicht mehr der erkenntnissuchende Faust tritt auf, sondern ein Perfektionist der

187 Peter Rühmkorf: *Wolfgang Borchert in Selbstzeugnissen und Bilddokumenten*. Reinbek bei Hamburg: Rowohlt Taschenbuch Verlag, 1961, S. 154

188 Claus B. Schröder: *Draußen vor der Tür. Eine Wolfgang-Borchert-Biographie*. Berlin: Henschelverlag Kunst und Gesellschaft, 1988, S. 282

189 Wolfgang Borchert: *Die lange lange Straße lang*. In: Wolfgang Borchert: Das Gesamtwerk. Halle: Mitteldeutscher Verlag, 1958, S. 309–334 (im Folgenden zitiert mit nachgestellter Seitenangabe).

Vernichtung: „... er bewegt sich, bewegt sich so fürchterlich ... er denkt und forscht und findet" (S. 330). Er „erfindet ein Pulver, ein grünes Pulver, ein hoffnungsgrünes Pulver ... mit dem hoffnungsgrünen Pulver kann man mit einem Löffelchen voll 100 Millionen Menschen totmachen, wenn man pustet, wenn man hoffnungsvoll pustet." (S. 330) Die Marionette Faust ist die Inkarnation des Massenmörders; der direkte Bezug zur Vernichtung in den KZs, die Verbrechen bei Menschenversuchen und die Ermordeten in den Gaskammern sind sofort gegenwärtig. Fischer reißt dieser Faust-Marionette den Kopf ab und bricht ihr die Arme, um sie handlungsunfähig zu machen und weil er der Vernichtung Einhalt zu gebieten versucht. Aber der Leierkastenmann, der die Figuren bewegt, stellt den nächsten Faust hin: „... ich hab doch noch so viele viele weiße Männer so furchtbarfurchtbar viele" (S. 332).[190] Schließlich gelangt die Sprache über die zum Schrei werdenden Wiederholungen zur Folge von Zeichen und an die Grenze des Verstummens, wie bei der Beschreibung der Faust-Gestalt: „Darum hab ich den Pulvermann kaputt gemacht. Darum darum darum - - - -" (S. 331).
Es blieben die Schreie und Fragen. Borchert wurde durch sie zu einem bedeutenden Dichter, der zuerst der „Trümmerliteratur" zugeordnet wurde, in der die Vernichtung durch Krieg und Massenmord thematisiert wurde. Was vergänglich schien, ist im Angesicht der gegenwärtigen Kriege in aller Welt wieder aktuell geworden, auch Borcherts Werk. Sein Faust forscht immer noch.

Eine andere, ebenso spezifische Variation des Stoffes schrieb **Volker Braun (* 1939) mit *Hans Faust* (Uraufführung 1968 am Nationaltheater Weimar)**: Er eignete sich den Stoff an,

190 Vgl. eine Interpretation der Erzählung unter diesem Gesichtspunkt: Rüdiger Bernhardt: *„Gibt denn keiner, keiner Antwort ???" Zum Verständnis der Texte Wolfgang Borcherts*. In: Deutschunterricht. Berlin: Pädagogischer Zeitschriftenverlag, 48. Jg., 1995, Heft 5, S. 236–245

projizierte ihn auf eigene Figuren und schrieb schließlich seine Faust-Variation *Hans Faust*, die mehrfach umgearbeitet schließlich zu ***Hinze und Kunze***[191] **(geschrieben 1967–1977)** wurde, in dessen Hauptgestalten Faust und Mephisto wieder auferstehen. In den „Notaten" Brauns zu *Hans Faust* findet sich die Vorgabe für die Deutung: „Faust will anfangs nicht alles wissen sondern alles *ändern*: nicht spekulative Aktionen zur Befriedigung privater Interessen sondern bewusste Veränderung der Umstände, aus denen er sich nur spekulativ retten konnte = Arbeit als bewusste Gestaltung des Geschichtsprozesses."[192] Brauns Faust unterscheidet sich von seinen Vorbildern vor allem dadurch, dass er fern jedem Heldentum steht und von stetiger Bewegung geprägt ist, die bis zur treibenden Unzufriedenheit (Hans Faust) geht,[193] die solange herrscht, solange Hinzes und Kunzes verändernde Tat gebraucht wird. Kunzes Schlussworte zu Hinze lauten: „Dachtest du, es sei ein Spaziergang, die rauhe Strecke zwischen Schutt und Zukunft."[194] Hinze und Kunze erobern nicht mit magischen Mitteln ferne Welten, sondern bauen durch Arbeit ein zerstörtes Land auf. Braun sah Goethes und Marlowes *Faust*-Stücke als nah verwandt, gleichzeitig als Gegenentwürfe: „Marlowes Geist tarnt sich, gibt sich als ‚heiliger', wo Goethes Geist sich frei zeigt"[195]. Dazu wollte Braun erneut den Gegenentwurf schreiben: „Es geht jetzt wirklich um alle und nicht um den Einzelnen. Nur so sind wir Goethe verbunden und ‚stehn in der Tradition': indem wir sie ernstnehmen und brechen; denn

Hinze und Kunze

191 Volker Braun: *Hinze und Kunze*. In: Ders.: Texte in zeitlicher Folge, Bd. 2, Halle-Leipzig: Mitteldeutscher Verlag, 1990, S. 159 ff.

192 *Programmheft „Hans Faust"*. Deutsches Nationaltheater Weimar (Uraufführung 27. August 1968)

193 Vgl. dazu: Klaus Schuhmann: *Hans Faust in Weimar*. In: Forum Nr. 21, Berlin 1968, S. 20

194 Volker Braun: *Hinze und Kunze*. In: Ders.: Texte in zeitlicher Folge, Bd. 2, Halle-Leipzig: Mitteldeutscher Verlag, 1990, S. 221

195 Volker Braun: *Negation der Negation*. In: Ders.: Texte in zeitlicher Folge, Bd. 2, Halle-Leipzig: Mitteldeutscher Verlag, 1990, S. 224

wie könnte heute die Selbstverwirklichung des Menschen geschehn, dargestellt werden, ermutigt werden, wenn es nicht die aller ist?"[196] Hinze und Kunze treten an die Stelle von Faust und Mephisto, dabei verliert Kunze die teuflischen Züge und bekommt, von Braun als Negation der Negation bezeichnet, Eigenschaften einer fortwährend sich vollziehenden Bewegung, die Ergebnisse schafft und sich neue Ziele setzt. Hinze und Kunze verbindet „das Geheimnis ihrer Identität"[197], wie Thomas Mann über seinen Adrian Leverkühn und Serenus Zeitblom aus *Doktor Faustus* (s. S. 101 der vorliegenden Erläuterung) gesagt hat: „Was bist du anderes als ich!"[198]

196 Ebd., S. 225

197 Thomas Mann: *Die Entstehung des Doktor Faustus*. In: Thomas Mann: Zeit und Werk. Berlin und Weimar: Aufbau-Verlag, 1965, S. 237

198 Volker Braun: *Hinze und Kunze*. In: Ders.: Texte in zeitlicher Folge, Bd. 2, Halle-Leipzig: Mitteldeutscher Verlag, 1990, S. 221

4. Vergleich der wichtigsten Texte

Alternativgestalt zu den ethischen Entwürfen der Bibel

Der Faust des Sturm und Drang bis hin zu Goethes *Faust* entwickelte sich zur Alternativgestalt zu den ethischen Entwürfen der Bibel; bei Lenz wurde er sogar in ein antikes Lebensumfeld der Dionysien zurückgeführt. Faust empörte sich gegen zwei Mächte: gegen die Herrschaft des Gottes der Bibel und gegen die Herrschaft eines unerkennbaren Schicksals. Faust war immer die Ausnahmeerscheinung, die sich über die vorgefundenen gesellschaftlichen, moralischen und geistigen Positionen fast mühelos hinwegsetzt und dabei auch bereit ist, Schuld und Verbrechen auf sich zu nehmen:

> *„Die Gestalt des großen Teufelsbündners und Gottrebellen, in der somit das ganze Pathos der neuen Zeit nicht nur auf das stärkste konzentriert, sondern auch auf die tiefste Wurzel zurückgeführt erscheint, war darum auch die prädestinierte Form für die entscheidende Auseinandersetzung des alten und des neuen Glaubens; und es ist deshalb innerlich tief begründet, dass die Faustsage eine magische Anziehungskraft für die neue Menschheit hatte und nicht nur Goethe, sondern auch Lessing, Friedrich Müller und Klinger zu Faustdichtungen verführte."*[199]

Die modernste Variante vor Goethe, die von der protestantischen Kritik an Faust zur pantheistischen Übereinstimmung mit ihm gelangte, stammte von Lessing.

Die Entstehungszeit des **Goethe'schen *Faust*-Komplexes** reichte von 1772 bis 1832. Goethe begann mit der Arbeit daran während der deutschen Sturm-und-Drang-Zeit, die eine Zuspitzung aufklärerischen Denkens bedeutete, am Vorabend der bürgerlichen Revolution von 1789 in Frankreich, als sich Europa

199 Korff, Bd. 1, S. 279

durch die Aufklärung auf die geistigen und politischen Veränderungen vorbereitete. Die Arbeit wurde in der Zeit der französischen Julirevolution 1830 abgeschlossen, als die Arbeiterklasse zum ersten Male ihre Forderungen anmeldete. Reflektierte das Werk anfangs noch intensiv die Aufklärung, polemisierte es in *Faust II* gegen die Romantik, so reagierte es am Ende auf die utopischen Sozialisten im Umfeld Saint-Simons. Das betraf besonders die Vorstellung einer Gesellschaft, in der Menschen gleichberechtigt und frei zusammenarbeiten. Hier galt für Goethe die Forderung der Gleichheit. Anders sah es mit gleichen Besitzverhältnissen aus: Hier ging Goethe nicht mit, weil er die Unterschiedlichkeit von Leistung und daraus entstehender Verteilung erkannte und akzeptierte. Goethes „freie(r) Grund mit freiem Volk" (V. 11580) ist nicht gleichzusetzen mit eigenem Grund.

In der Tradition der deutschen Klassik entstand ein mythologisches Repertoire, an das die großen Menschheitsziele und die politischen Entwicklungen in der Nachfolge der Französischen Revolution von 1789 und Napoleons gebunden wurden. Die europäischen Nationen strebten in die große Geschichte und benutzten dafür die vorhandenen Mythen, Faust besonders. So erklärt es sich, dass auch in kleinen Völkern wie dem ungarischen Faust-Varianten (Imre Madách: *Die Tragödie des Menschen,* 1860) entstanden. Letztlich wurde in der literarischen Gestaltung der Mythen der Geschichte ein utopischer Entwurf an die Seite gestellt. Faust avancierte dabei zum Entwurf des Erkenntnissuchers, der menschliches Maß überschreitet, und geriet so mit protestantischem und katholischem Denken gleichermaßen in Widerspruch.

Entwurf des Erkenntnissuchers, der menschliches Maß überschreitet

Dem stand frühzeitig eine Bewegung gegenüber, die andere Lösungen als die Goethes vorschlug: Hier wären unter anderem Platen, Chamisso, Grabbe, Lenau und Heine zu nennen, flankiert wurden sie von Lord Byron, Shelley und seiner Frau. In den Werken Henrik Ibsens gab es einen Höhepunkt mit *Peer Gynt* und *Brand*, die ohne Faust nicht zu denken sind.[200] Die skandinavischen Literaturen haben zudem eine besondere Neigung zum Faust-Stoff (Baggesen, Strindberg). In der deutschen Literatur wurden im 19. Jahrhundert Faust-Adaptionen nicht gern gesehen; zu sehr dominierte Goethes *Faust* und galt dem Bildungsbürgertum als unübertreffbarer Höhepunkt. Da hatte nur die Parodie eine Chance: **Friedrich Theodor Vischer (1807–1887) *Faust. Der Tragödie dritter Teil* (1862)**[201]. Vischer gehörte zu den einflussreichsten, wirkungsvollsten und gefürchtetsten Schriftstellern des ausgehenden 19. Jahrhunderts. Die Parodie wurde 1862 veröffentlicht und erfuhr 1886 eine veränderte und erweiterte Ausgabe. Die kulturkritische Komödie und Travestie *Faust. Der Tragödie dritter Teil* mit dem Untertitel *Treu im Geiste des zweiten Theils des Götheschen Faust gedichtet von Deutobold Symbolizetti Allegoriowitsch Mystifizinsky* bekam ihre konzeptionelle Erklärung durch Vischers Pseudonym, das gleichzeitig parodistisches Element war: Deutobold Symbolizotti Allegoriowitsch Mystifizinsky. Die Parodie karikierte Interpretationen von Goethes Werk, richtete sich aber auch gegen den *Zweiten Teil* des *Faust*.

Parodie

Im 20. Jahrhundert diente der Faust-Stoff mehrfach als Paradigma für die Zerstörungskraft der schöpferischen Menschen. Der Zweite Weltkrieg und die Verbrechen des deutschen Faschismus änderten das Verhältnis der Deutschen zum Faust-Stoff. Nun sahen sie in dem nach universellen Wissen strebenden Faust, der dafür seine

Paradigma für die Zerstörungskraft der schöpferischen Menschen

200 R. Koskimies: *Der nordische Faust. Adam Homo – Peer Gynt – Hans Alienus*. Helsinki 1965

201 Friedrich Theodor Vischer: *Faust. Der Tragödie dritter Teil*. Hrsg. von Fritz Martini. Stuttgart: Reclam, 2001, Universal-Bibliothek Nr. 6208; Friedrich Theodor Vischer: Aus *Faust, 3 Teil*. In: Hecht, ebd., S. 124–131; Middell, Bd. 2, S. 141–160

Seele dem Teufel verschrieb, auch einen **ideellen Vorbereiter der vom deutschen Faschismus praktizierten Verbrechen**. Unterschiedliche Autoren fanden zu einer vergleichbaren Sicht auf Faust. Höhepunkt wurde Thomas Manns *Doktor Faustus.* Die Besonderheit dieses Romans liegt darin, dass zwischen Fortschritt und Zerstörung die Grenzen fließend werden: Adrian Leverkühn erfüllt höchste Anforderungen an die Kunst und ihren Formwillen, drückt aber in seiner Musik Zerstörung, Vernichtung und Unmenschlichkeit aus. Wolfgang Borcherts Erzählung *Die lange, lange Straße lang* gehört zu diesem Thema und steht, trotz des geringen Umfangs, Thomas Manns Roman nahe.

Mehrfach berührten sich andere Stoffe mit dem Faust-Stoff und es kam zu Überschneidungen, etwa mit dem Prometheus-Stoff, mit Ahasver, Don Juan und Frankenstein, mit Galileo Galilei (Bertolt Brecht: *Leben des Galilei*, zweite Fassung, 1947) und dem sorbischen Krabat (Jurij Brězan: *Krabat oder Die Verwandlung der Welt*, 1976). Einzelne Elemente aus dem Faust-Stoff wurden individuellen Biografien aufgelegt wie in Klaus Manns Roman *Mephisto* (1936).

Überschneidungen

Im Zusammenhang mit philosophischen Überlegungen zum Geschichtsprozess und zu neuen Gesellschaftsformationen fand der Faust-Stoff neuen und umfangreichen Zuspruch. Hanns Eislers *Johann Faustus* (1952) und Volker Brauns *Hans Faust* (1968) wurden berühmte Beispiele. **Eislers *Johann Faustus*** löste eine der umfangreichsten öffentlichen Diskussionen in der DDR aus, die sich auf alle gesellschaftlichen Kreise erstreckte. Ausgangspunkt war, dass der österreichische Literaturwissenschaftler Ernst Fischer Eislers Faustus zur „Zentralgestalt der deutschen Misere" stilisiert hatte, was weder mit den offiziellen Vorstellungen der Erbepflege noch mit Faust als Erkenntnissucher in Übereinstimmung zu bringen war.[202]

202 Vgl. dazu: Hanns Eisler: *Johann Faustus*, S. 131 ff.

Versucht man, die Gestaltungen des Faust-Stoffes auf Typisierungen zu verallgemeinern, ergeben sich in höchster Vereinfachung drei Linien:

1. Ausgehend vom *Volksbuch* ist Faust ein Zauberer, Schwarzkünstler und Erkenntnissucher, der für seine Taten bestraft wird; seine Seele landet in der Hölle und er ist ein Verdammter. Bis hin zu Thomas Mann und Hanns Eisler haben Volksbuch und Puppenspiel neben Goethes *Faust* eine eigenständige Bedeutung gehabt.
2. Der erkenntnissuchende Faust stößt zu immer neuen Ufern vor und kann dies nur, indem er sich mit teuflisch-höllischen Mächten einlässt; aber er wird um seiner Bestrebungen willen endlich erlöst, wobei der Grund der Erlösung vielgestaltig ist.
3. Fausts Streben ist von vornherein sinnlos, weil es keine letzten Erkenntnisse geben kann. Seine Handlungen haben keine objektiven Ursachen, sondern sind nur subjektiv zu begründen. Die Lösungen sind verschieden; am besten eignet sich für diesen Entwurf Fausts Selbstmord.

5. Werkübergreifende Interpretation

Der literarische Stoff um den Wissenschaftler und Humanisten Georg (Johann, Jörg) Faust ist an deutsche Entwicklungen und Geschichtsvorgänge gebunden; daraus hat sich ein Verständnis entwickelt, Faust als deutsche Nationallegende zu betrachten. Das ist indessen nur möglich, wenn man den Umgang mit dem Stoff in anderen Nationalliteraturen im Blick behält und die deutsche Spezifik des Umgangs herausstellt: Der deutsche Faust ist die Inkarnation eines Erkenntnisstrebens, das sowohl zum Fortschritt der Menschheit als auch zur schlimmstmöglichen Wendung der menschlichen Geschichte dienen kann.

Faust als deutsche Nationallegende

Der Stoff hat seinen **Ursprung in der Frühzeit** der europäischen Literaturen.[203]

Eine archetypische Prägung aus der Antike wird häufig mit Faust verglichen, das ist Prometheus. Wie Prometheus gegen Zeus lehnt sich Faust gegen Gott auf und sucht nach einem neuen Menschen. Deshalb wird Percy Bysshe Shelleys *Der entfesselte Prometheus* (1820) ebenso im Zusammenhang mit dem Faust-Thema genannt wie Mary Wollstonecraft Shelleys Roman *Frankenstein oder Der neue Prometheus* (1818). Die Vergleichbarkeit ergibt sich aus Prometheus' Anspruch, den Göttern gleich zu sein, und aus seinem Bemühen, den Menschen zu schaffen und ihm menschliche Verhältnisse zu bereiten.

Prometheus

Einen anderen, moderneren Vergleich mit Faust erlebte Don Juan (Don Giovanni), der im 17. Jahrhundert seine erste literarische Gestal-

Don Juan

203 Antike Werke wie Apuleius' (um 125 bis nach 180) Roman *Metamorphosen* (dt. auch *Der goldene Esel*) und Lukians (um 120 bis nach 180) *Lukios oder der Esel* haben Ähnlichkeiten mit der Faust-Sage.

tung erlebte. Don Juans hemmungsloser Trieb und teuflische Leidenschaft nach erotischer Erfüllung wurde mit Fausts Streben nach letzter Erkenntnis verglichen. Don Juans rücksichtslose Überschreitung aller gesellschaftlichen Normen und sozialen Strukturen ließ sich mit Fausts Rücksichtslosigkeit bei der Erkenntnisgewinnung vergleichen. Es gab Versuche, Faust und Don Juan zu vereinen: Niklas Vogt (1756–1836) erklärte, ihn habe die „alte romantische Sage ergriffen" und dann habe Mozarts *Don Juan* „so viel Ähnlichkeit mit dem sogenannten Doktor Faust"[204] gehabt, dass er aus beiden ein Stück habe fertigen wollen. Beide Gestalten erschienen eindrucksvoller bei Autoren sowohl nebeneinander (Christian Dietrich Grabbe: *Don Juan und Faust,* 1829) wie nacheinander (Nikolaus Lenau: *Faust,* 1835, *Don Juan,* 1851). Faust und Don Juan sind zwei Seiten der gleichen Medaille: der das letzte Wissen suchende Verstandesmensch und der die letzten Geheimnisse der Sinnlichkeit aufspürende Sinnenmensch. In der deutschen Literatur projizierte eine Variante den Faust-Stoff auf die germanisch-keltische Sagen-Tradition des Merlin. Karl Immermanns mythisches Drama *Merlin* (1832), der seinerzeit modernste Umgang mit dem Stoff, bot ein Beispiel, wie Widersprüche der Wirklichkeit in die Polarität von Göttlichem und Satanischem eingespannt werden.

Ähnlichkeiten mit dem Faust-Stoff

Ähnlichkeiten mit dem Faust-Stoff haben auch zahlreiche Mysterienspiele und Szenen vom Sündenfall bis zum Jüngsten Gericht mit dem Konflikt zwischen Himmel und Hölle, Gott und Satan. Das wirkungskräftigste Beispiel ist Hugo von **Hofmannsthals *Jedermann. Das Spiel vom Sterben des reichen Mannes*** (1911, seit 1920 ständig bei den Salzburger Festspielen aufgeführt). Für Hofmannsthal spielten Calderón und Goethe neben anderen eine Rolle: Sein *Jedermann* darf als Zurücknahme der

204 Zit. bei Warkentin, S. 61 f.

klassischen Faust-Gestaltungen, des strebenden Faust gelesen werden. Was er ursprünglich bewahren wollte, war in einer zum Untergang drängenden österreichischen Wirklichkeit um 1911 nicht mehr zu erhalten.

6. Die Aktualität des Stoffes

Oft wurde davon gesprochen, dass jeder Dichter seinen Faust schreibe, auch wenn der entstandene Text dann oft nicht so heiße. Das liegt am Reiz des Stoffes, in unbekannte Welten vorzudringen und die Grenzen des menschlichen Denkens zu überschreiten.

Spannungsmöglichkeiten zwischen dem Individuum und der Gesellschaft

Auch bietet der Stoff unzählige Spannungsmöglichkeiten zwischen dem Individuum und der Gesellschaft; auf diese Weise fand zum Beispiel Einar Schleef (1944–2001) über eine *Faust*-Inszenierung 1993, die *vor* dem Schiller-Theater Berlin aufgeführt wurde, da das Theater kurz vor der Premiere geschlossen wurde, zu seinem Buch ***Droge Faust Parsifal*** (1997), in dem Schleef in 79 Kapiteln den Kampf des Individuums gegen die Sozietät, konkretisiert als Schleefs Kampf gegen Stücke, gegen Mächte und gegen das traditionelle Theater beschrieb. Daraus entstand ein völlig neuer Faust, der in die Zukunft weist; sein hervorstechendes Merkmal ist die Klage. Er ist Thomas Manns Adrian Leverkühn verwandt. Einen Faust, agierend zwischen den Geheimdiensten der Welt, deutete Dieter Kühn (* 1935) in seinem eindrucksvollen „Roman eines Mordes" ***Geheimagent Marlowe*** (2007) an, dessen Modernität mehrere Kritiker verkannten und für Stilbruch oder Unfähigkeit hielten. Kühn beschrieb den Faust über allen Zeiten, „elegant, aber nicht modisch. Sodann durch Umgangsformen: höflich, aber keineswegs beflissen. Alles in allem: Balance zwischen betonter Sichtbarkeit und erwünschter Unsichtbarkeit"[205].

Das Volksbuch war ursprünglich ein Warnbuch aus protestantischer Sicht vor dem Bösen und vor naturwissenschaftlichen Erkenntnissen, die an der Schöpfungslehre rüttelten oder ihr

205 Dieter Kühn: *Geheimagent Marlowe. Roman eines Mordes*. Frankfurt am Main: S. Fischer Verlag, 2007, S. 241

widersprachen. Luthers Sündenlehre wandte sich gegen Menschen, die nach Unabhängigkeit von Gott strebten. Diese Barriere wurde durch das pantheistische Denken der Aufklärung niedergerissen. Das leisteten Lessings, Klingers und Goethes Faust-Variationen. Parallel entstanden aber Deutungen, die Faust wieder in die katholisierende Heilserlösung aufzunehmen versuchten, von Friedrich (Maler) Müller bis zu Achim von Arnim (*Die Kronenwächter*, 1817). Beide Ansätze finden sich in zwei Rezeptionslinien wieder: Die Vertreter der einen betrachteten Faust als das ewig strebende Individuum, dass im Sinne der Menschheitsentwicklung nach immer neuen Erkenntnissen sucht und dabei die säkulare Einbindung nicht aufgibt, die anderen sahen den strebenden Faust als ausschließlich sich selbst durch Erkenntnisse befriedigenden Menschen, den die Menschheit nicht interessiert und der mit seinem Erkenntnisstreben selbst ein Verbrecher werden kann. Das hatte der norwegische Dichter Henrik Ibsen (1828–1906) in seinen beiden Faust-Adaptionen ***Brand*** (1866) und ***Peer Gynt*** (1867) bereits im 19. Jahrhundert thematisiert. Sein Direktor der Irrenanstalt in *Peer Gynt*, Prof. Dr. Begriffenfeldt, lässt Hegel'sche Philosophie ahnen; er ist eine Vorwegnahme des Fräulein Dr. Mathilde von Zahnd aus Friedrich Dürrenmatts (1921–1990) Komödie ***Die Physiker*** (1962), die sich ebenfalls als ein „Verbrecher Faust" lesen lässt: Alles einmal Gedachte ist nicht mehr zurückzunehmen, aber faustisches Streben steuert auf die schlimmstmögliche Wendung, nicht nur für Faust, sondern für die Menschheit zu. Auf die nationalsozialistische Vergangenheit wendete Rolf Hochhuth (* 1931) in ***Hitlers Dr. Faust*** (2000) diese Sicht an.

zwei Rezeptionslinien

faustisches Streben steuert auf die schlimmstmögliche Wendung

Ob Atomenergie, Stammzellenforschung, Genzüchtungen oder Klonen – uneingeschränkt gültig ist: Was in der Menschheit einmal gedacht wurde, ist nicht wieder zurückzunehmen, weder durch ein Gesetz noch durch freiwillige Entschließungen. Dabei ist es unerheblich, ob das Gedachte Menschen nützt oder ihnen schadet. Das ist relativ und kommt auf den Standpunkt an. In diesem geistigen Umfeld im Zeitalter der Globalisierung ist Faust so aktuell wie nie, „weil sich die Konstellationen des kritischen Zwischenbereichs in einer aktuellen Variation wiederholen, da wir aus den ehemals eindeutigen Wertparadigmen und den verfestigten politisch-historischen Formationen des kurzen 20. Jahrhunderts heraustreten aufs offene Terrain des globalen Marktes und in den Geltungsbereich seiner existenz- und bewusstseinsbestimmenden Gesetze geraten"[206]. Die Deutung Fausts als Repräsentanten kapitalistischer Mehrwertschöpfung hat in der Zeit der Globalisierung Auftrieb erhalten.

Deutung Fausts als Repräsentanten kapitalistischer Mehrwertschöpfung

206 Michael Jaeger: *Wimmeln und Verweilen. Goethe heute, zwischen den Zeiten – Eine Einführung.* In: Michael Jaeger u. a. (Hrsg.), S. 8

Literatur

Zitierte Ausgaben

Zu 3.1

Historia von D. Johann Fausten dem weitbeschreyten Zauberer und Schwarzkünstler. Mit einem Nachwort herausgegeben von Richard Benz. Stuttgart: Reclam, 1964 (Universal-Bibliothek Nr. 1515)
(Nach dieser Ausgabe wird zitiert, soweit nicht die beiden anderen Ausgaben herangezogen werden, siehe unten, da in dieser Ausgabe die ‚Vorred an den Christlichen Leser' fehlt und diese Ausgabe nicht auf die Erstausgabe zurückgeht: Es finden sich Erweiterungen auf 96 Kapitel gegenüber der Ausgabe von 1587.)

Historia von D. Johann Fausten dem weitbeschreiten Zauberer und Schwarzkünstler *(1587).* Mit einem Nachwort und Anmerkungen von Hans Henning. Leipzig: Reclam, 1963 (Universal-Bibliothek Nr. 9163/64)
(Die Ausgabe geht auf die Erstausgabe zurück und umfasst deshalb 68 Kapitel. Zitiert als Historia 1963.)

Historia von D. Johann Fausten. Text des Druckes von 1587. Kritische Ausgabe. Mit den Zusatztexten der Wolfenbütteler Handschrift und der zeitgenössischen Drucke. Hrsg. von Stephan Füssel und Hans Joachim Kreutzer. Stuttgart: Reclam, ergänzte und bibliographisch aktualisierte Ausgabe 2006 (Universal-Bibliothek Nr. 1516)
(Die Ausgabe geht auf die Erstausgabe zurück und umfasst deshalb 68 Kapitel. Zitiert als Historia 2006.)

Zu 3.2
Lessing, Gotthold Ephraim: *Werke in fünf Bänden*. Hrsg. von den Nationalen Forschungs- und Gedenkstätten der klassischen deutschen Literatur in Weimar. Ausgewählt von Karl Balser. Eingeleitet von Thomas Höhle. Berlin und Weimar: Aufbau-Verlag, 1964 (BDK = Bibliothek Deutscher Klassiker) (*Faust* in Band 5, S. 260 ff.)
Im Internet ist Lessings *Faust* auch unter http://www.zeno.org/Literatur/M/Lessing,+Gotthold+Ephraim/Dramenfragmente/D.+Faust zu finden (Stand: August 2009).

Zu 3.3
Marlowe, Christopher: *Die tragische Historie vom Doktor Faustus*. Deutsche Fassung, Nachwort und Anmerkungen von Adolf Seebaß. Stuttgart: Reclam, 1964 (Universal-Bibliothek Nr. 1128)

Zu 3.4
Klinger, Friedrich Maximilian: *Fausts Leben, Taten und Höllenfahrt*. Anmerkungen von Esther Schöler. Nachwort von Uwe Heldt. Stuttgart: Reclam, bibliographisch ergänzte Ausgabe 1998 (Universal-Bibliothek Nr. 3524)

Zu 3.5
Goethe, Johann Wolfgang von: *Urfaust*. Mit einem Nachwort von Robert Petsch. Stuttgart: Reclam, neu durchgesehene Ausgabe 1987

Zu 3.6
Goethe, Johann Wolfgang von: *Faust. Der Tragödie Erster Teil.* Stuttgart: Reclam, durchgesehene Ausgabe 2000

Zu 3.7
Goethe, Johann Wolfgang von: *Faust. Der Tragödie Zweiter Teil.* Stuttgart: Reclam, durchgesehene Ausgabe 2001

Zu 3.8
Mann, Thomas: *Doktor Faustus. Das Leben des deutschen Tonsetzers Adrian Leverkühn, erzählt von einem Freunde.* Frankfurt am Main: Fischer Taschenbuch Verlag, 2008 (36. Auflage)

Sekundärliteratur

Bernhardt, Rüdiger: *Henrik Ibsen und die Deutschen.* Berlin: Henschelverlag Kunst und Gesellschaft, 1989
(Ausführlich wird der Umgang Ibsens mit dem Faust-Stoff erörtert, gleichzeitig wird die Bedeutung des Stoffes für die skandinavische Kulturgeschichte untersucht.)

Bernhardt, Rüdiger: *Johann Wolfgang von Goethe. Faust I.* Königs Erläuterungen und Materialien, Band 21. Hollfeld: C. Bange Verlag, ^{9}2009

Bernhardt, Rüdiger: *Johann Wolfgang von Goethe. Faust II.* Königs Erläuterungen und Materialien, Band 43. Hollfeld: C. Bange Verlag, 4., aktualisierte Auflage 2008

Bernhardt, Rüdiger: *Faust-Gestaltungen in der Nachfolge Johann Wolfgang von Goethes: Adam Mickiewicz – Nikolaus Lenau – Georg Herwegh – George Sand.* In: Studia Niemcoznawcze (Studien zur Deutschkunde), hrsg. von Lech Kolago. Warszawa: Uniwersytet Warszawski, 2009, 40. Band, S. 313–328
(Die Übersicht setzt die Darstellung vorliegender Erläuterung fort.)

Bode, Wilhelm (Hg.): *Goethe in vertraulichen Briefen seiner Zeitgenossen.* Berlin und Weimar: Aufbau-Verlag 1979, München, 1982. Berlin: Aufbau-Taschenbuch Verlag; 1999, 3 Bände

Eckermann, Johann Peter: *Gespräche mit Goethe in den letzten Jahren seines Lebens 1823–1832,* Berlin: Aufbau-Verlag, 1962

Eibl, Karl: *Das monumentale Ich – Wege zu Goethes „Faust".* Frankfurt am Main, Leipzig: Insel Verlag (insel taschenbuch 2663), 2000
(Gesamtdarstellung zu Goethes „Faust" auf dem Hintergrund der modernen Individualitätsproblematik, einbezogen werden zahlreiche Faust-Gestaltungen von Soden, Klingemann, Julius von Voß, Grabbe und vielen anderen.)

Eisler, Hanns: *Johann Faustus. Fassung letzter Hand.* Hrsg. von Hans Bunge. Mit einem Nachwort von Werner Mittenzwei. Berlin: Henschelverlag Kunst und Gesellschaft, 1983
(Nicht nur der Text bietet eine wichtige weitere Faust-Adaption, die im Zusammenhang mit Ernst Blochs und Bertolt Brechts Beschäftigung mit dem Stoff gesehen werden muss, sondern das Nachwort bietet eine differenzierte Einsicht in unterschiedliche Rezeptionsmöglichkeiten des Stoffes.)

Erler, Gotthard: *Faust.* In: Goethe: Poetische Werke (Berliner Ausgabe), Bd. 8. Berlin und Weimar: Aufbau-Verlag, 1965
(Zitiert als BA 8 mit nachfolgender Seitenangabe.)

Ertzdorff, Xenja von: *Romane und Novellen des 15. und 16. Jahrhunderts in Deutschland.* Darmstadt: Wissenschaftliche Buchgesellschaft, 1989

Fischer, Kuno: *G. E. Lessing: Reformator der deutschen Literatur.* 2 Bände. Stuttgart: Verlag der J. G. Cotta'schen Buchhandlung, 1881

Frenzel, Elisabeth: *Stoffe der Weltliteratur. Ein Lexikon dichtungsgeschichtlicher Längsschnitte.* Kröners Taschenbuchausgabe Band 300. Stuttgart: Alfred Kröner Verlag, 1988 (7., verbesserte und erweiterte Auflage) und öfter
(Unter dem Stichwort „Faust" werden zahlreiche Bearbeitungen des Stoffes aufgeführt, stichwortartig erläutert und mit ergänzenden Literaturangaben versehen.)

Friedenthal, Richard: *Goethe. Sein Leben und seine Zeit*. München: R. Piper & Co Verlag, 1963

Friedrich, Theodor: *Goethes Faust erläutert*. Neu durchgesehen und mit einer Faust-Bibliografie von Dr. Siegfried Scheibe. Leipzig: Reclam, [4]1963 (Universal-Bibliothek Nr. 7177–82)
(Diese grundsätzliche Arbeit zu Goethes „Faust" bietet auch die Geschichte des Faust-Stoffes und eine gründliche, gut annotierte Bibliografie.)

Goethe, Johann Wolfgang von: *Berliner Ausgabe* (= BA). *Poetische Werke; Kunsttheoretische Schriften und Übersetzungen,* 22 Bände, 1 Supplementband. Berlin und Weimar: Aufbau-Verlag, 1963–1978, Neudruck 1988–1990, auf CD-ROM 2005
(Zitiert als BA mit nachfolgender Band- und Seitenangabe.)

Hartmann, Horst: *Faustgestalt. Faustsage. Faustdichtung*. Berlin: Volk und Wissen Verlag 1979

Hecht, Wolfgang (Hrsg.): *Frei nach Goethe. Parodien nach klassischen Dichtungen Goethes und Schillers.* Berlin: Rütten & Loening, Berlin, 1965

Hendel, Gerhard: *Von der deutschen Volkssage zu Goethes Faust.* Weimar: Nationale Forschungs- und Gedenkstätten der klassischen deutschen Literatur, 1967
(Eine übersichtliche, gut verständliche und mit umfangreichem Bildmaterial versehene Einführung in die Entstehung des Werkes.)

Henning, Hans: *Faust als historische Gestalt.* In: Goethe. Neue Folge des Jahrbuchs der Goethe-Gesellschaft. Im Auftrage des Vorstands herausgegeben von Andreas B. Wachsmuth. 21. Band. Weimar: Hermann Böhlaus Nachf., 1959, S. 107–139
(Für die Biografie des historischen Faust stellt die Arbeit ein unersetzliches Hilfsmittel dar und ist bis heute unübertroffen, da alle neueren Ergebnisse im Spekulativen blieben.)

Henning, Hans: *Faust in fünf Jahrhunderten. Ein Überblick zur Geschichte des Faust-Stoffes vom 16. Jahrhundert bis zur Gegenwart.* Halle: Verlag Sprache und Literatur, 1963
(Guter Überblick eines der besten Spezialisten dieses Themas zur Tradition des Faust-Stoffes, der bis ins 20. Jahrhundert reicht.)

Hettner, Hermann: *Geschichte der deutschen Literatur im achtzehnten Jahrhundert.* 2 Bände. Berlin: Aufbau-Verlag, 1961

Jaeger, Michael und Roland Koberg, Bernd Stegemann, Henrike Thomsen (Hrsg.): *„Verweile doch" – Goethes Faust heute. Die Faust-Konferenz am Deutschen Theater und Michael Thalheimers Inszenierungen.* Blätter des Deutschen Theaters Nr. 3, 2006. Mit Hör-CD. Berlin: Henschel Verlag und Autoren, 2006
(Eine der wichtigsten Publikationen für ein neues Verständnis des „Faust" unter dem Aspekt der Moderne und der Kapitalismuskritik. Namhafte Goethe-Forscher – Ulrich Gaier, Nicholas Boyle u. a. – nahmen an Konferenz und Publikation teil. Gespräche mit den wichtigsten Schauspielern der Thalheimer-Produktion geben Einblick in heutige Inszenierungskonzeptionen.)

Keller, Werner (Hg.): *Aufsätze zu Goethes Faust I.* Wege der Forschung, Bd. 145. Darmstadt: Wissenschaftliche Buchgesellschaft, 1984 (2., bibliographisch erneuerte Auflage)
(Es handelt sich um eine Zusammenstellung wichtiger Einzeluntersuchungen namhafter, teils auch umstrittener Goethe-Forscher, von 1857 [F. Th. Vischer] bis in die siebziger Jahre des 20. Jahrhunderts.)

Korff, Hermann August: *Geist der Goethezeit. Versuch einer ideellen Entwicklung der klassisch-romantischen Literaturgeschichte.* Leipzig: Koehler & Amelang, 1955, 4 Bände

Koskomies, Rafael: *Der nordische Faust. Adam Homo – Peer Gynt – Hans Alienus.* Helsinki: Suonalainen Tiedeakatemia, Sarja-Ser. B Nide-Tom 142, 1, 1965

Mann, Thomas: *Doktor Faustus. Das Leben des deutschen Tonsetzers Adrian Leverkühn, erzählt von einem Freunde.* Hrsg. und textkritisch durchgesehen von Ruprecht Wimmer unter Mitarbeit von Stephan Stachorski. Große kommentierte Frankfurter Ausgabe, hrsg. von Heinrich Detering u. a. Band 10, 1 und 2, Frankfurt a. M.: S. Fischer Verlag, 2007
(Über die Bedeutung der Ausgabe für das Verständnis des Romans von Thomas Mann hinaus bietet der Kommentarband grundlegende Einsichten in den Umgang mit dem Faust-Stoff.)

Mayer, Hans (Hrsg.): *Meisterwerke der Literaturkritik.* 1. Band: Aufklärung, Romantik, Klassik; 2. Band (in zwei Teilen): Von Heine bis Mehring. Berlin: Rütten & Loening, 1954–1956 und öfter
(In der hervorragend kommentierten Sammlung von Literaturkritiken finden sich zahlreiche zum Faust-Stoff, so von Lessing, Heine, Grabbe, Herwegh, Vischer und anderen.)

Middell, Eike unter Mitarbeit von Hans Henning (Zusammenstellung): *Faust.* Eine Anthologie. 2 Bände. Leipzig: Philipp Reclam, 1967 (Universal-Bibliothek Bde. 395/396)
(Wichtige und sehr nützliche Zusammenstellung ausgewählter Texte der Weltliteratur – ohne Goethe – vom Volksbuch über die Stürmer und Dränger, Byron, Puschkin, Heine und Dostojewski bis in die Gegenwart zu Paul Valéry, Thomas Mann und Lawrence Durrell.)

Reimann, Paul: *Hauptströmungen der deutschen Literatur 1750–1848. Beiträge zu ihrer Geschichte und Kritik.* Berlin: Dietz Verlag, 1956
(Zur Entwicklung des Faust-Stoffes im 19. Jahrhundert finden sich in dem relativ alten, aber in diesen Partien durchaus gültigen Werk bemerkenswerte Aussagen zu Lessing, Goethe, Klinger, Heine, Grabbe usw., auch zwei selbstständige Kapitel „Faust".)

Schmidt, Jochen: *Goethes Faust. Erster und Zweiter Teil.* Grundlagen – Werk – Wirkung. München: Verlag C. H. Beck, 1999
(Die Arbeit bietet abrissartig die Geschichte des Faust-Stoffes vom 16. Jahrhundert bis zu Goethe und die Entwicklung nach Goethe; sie enthält im Anhang eine Aufstellung der wichtigsten Bearbeitungen in Literatur, Musik und bildender Kunst.)

Schneider, Ferdinand Josef: *Die deutsche Dichtung der Geniezeit.* Stuttgart: J. B. Metzlersche Verlagsbuchhandlung, 1952
(Informative und sozialhistorisch begründete Darstellung der Faust-Adaptionen im Sturm und Drang – Maler Müller, Goethe, Klinger u. a.)

Schröder, Ralf: *Zu Leben und Werk*, Bd. 3, hrsg. von Willi Beitz und Winfried Schröder. Leipzig: Rosa-Luxemburg-Stiftung Sachsen e. V., 2005

(Die Textsammlung bietet für den Faust-Stoff sonst kaum oder schwer auffindbare Hinweise zum russischen und sowjetischen Faust, aber auch zur Beschäftigung mit Faust in der deutschen Literatur.)

Thadden, Elisabeth von: *Gott und die Welt*. In: DIE ZEIT, Nr. 13 vom 19. März 2008, S. 49–52
(Zum 200. Jubliläum des Erscheinens von Goethes „Faust I" im Jahr 2008 veröffentlichte die ZEIT Artikel zu Goethes „Faust" [Elisabeth von Thadden], zur Reaktion der Nachwelt auf „Faust" [Evelyn Finger] und zu Inszenierungen [Peter Kümmel].)

Warkentin, Roderich: *Nachklänge der Sturm- und Drangperiode in Faustdichtungen des achtzehnten und neunzehnten Jahrhunderts.* München: Franke & Haushalter Verlagsbuchhandlung, 1896 (Forschungen zur neueren Literaturgeschichte, hrsg. von Franz Muncker)

Weimann, Robert: *Shakespeare und die Tradition des Volkstheaters: Soziologie, Dramaturgie, Gestaltung*. Berlin: Henschelverlag Kunst und Gesellschaft, 1967, [2]1975
(Weimanns Arbeiten gehören zu den wichtigsten über die Marlowe- und Shakespeare-Zeit; er stellte die Unterschiede zwischen deutscher und englischer Fausttradition heraus.)